悲しみの向こう

希望の扉を開く言葉 366

片柳弘史

はじめに

大切なものや愛する人を失ったとき、わたしたちは深い悲しみを感じます。涙がとめどなくこぼれ落ち、大声で叫ばずにいられないような、世界が色を失い、時間が止まってしまったような、そんな悲しみの中でわたしたちは一体どうしたらよいのでしょう。

そんなときは、無理に悲しみをこらえず、悲しみたいだけ悲しめばいい。わたしはそう思います。なぜなら、悲しみは、わたしたちの心の中からあふれ出す愛だからです。失ったもの、失った人を本当に愛しているなら、わたしたちは悲しまずにいられないのです。無理に悲しみをこらえるのは、あふれ出す愛を押しとどめるようなもので、かえって不自然なことなのです。

悲しみを感じずに生きたいなら、愛するのを止める以外にありません。しかし、それでは生きている意味そのものが感じられなくなってしまうでしょう。悲しみの中にこそ、わたしたちの人生で一番大切なもの、何かと、あるいは誰かとの間に結ばれる愛の絆が隠されているのです。そのことに気づくとき、悲しみは、それ自体として恵みに変わります。悲しみさえも、自分の人生の大切な一部として受け入れられるようになるのです。

悲しみの向こうに、本当の人生が待っている。悲しみの向こうにこそ、永遠に消えない愛がある。そんな思いを込めて本書のタイトルを『悲しみの向こう――希望の扉を開く言葉366』としました。みなさんの幸せを、心よりお祈りしています。

※記憶の深くにどなたかの言葉があって、それが浮かび上がってきた場合があるかもしれません。その場合は何卒ご容赦ください。

1

月

1月1日

新しい年

「今年は何か
よいことがありますように」
と祈りますが、
さまざまな困難を乗り越え、
こうして無事に新年を迎えられた。
それだけで、もう十分によいこと。
与えられた新しい年に感謝し、
一日一日を大切に生きられますように。

愛を始める

「ありがとう」は
「あなたがいてくれて本当によかった。
あなたは大切な人だ」という思いを、
「ごめんなさい」は
「傷つけるつもりはなかった。
あなたは大切な人だ」という思いを伝えます。
「ありがとう」と「ごめんなさい」から
愛を始めましょう。

1月2日

1月3日

祈りの力

祈るとは、何があっても
最後まで希望を捨てず、
何かを願い続けるということ。
願いが叶うとは、
最後まで希望を捨てなければ、
道は必ず開けるということ。
一見無力な祈りこそ、
じつは、不可能を可能にする力、
道を切り開く力なのです。

身近な奇跡

奇跡なんてありえないと思っていると、
身近で起こっている奇跡を
見過ごしてしまいます。
生命にあふれたこの星が存在すること。
たくさんの出会いに恵まれながら、
この星の上に
いまわたしが生きていること。
すべての奇跡に感謝できますように。

1月4日

1月5日

祈りの心

さい銭を投げ入れても、
それだけで幸せにはなれません。
愛する人の健康を願うまっすぐな心、
みんなの幸せのために
自分のものを喜んで差し出す純粋な心、
清らかで尊いものの前に
頭を下げる謙虚な心が、
わたしたちを幸せにしてくれるのです。

最初の一人

「助けてあげたいが、
わたしには何もできない」と思って、
みんながあきらめていることがあります。
勇気を出して誰かが始めれば、
その人の周りには、
「わたしにも手伝わせてください」と言って
たくさんの人が集まるでしょう。
最初の一人になれますように。

1月6日

1月7日

優先順位

自分と向かいあう時間をとらないと、
何が一番大切なことか分からなくなり、
優先順位をつけられなくなって
忙しくなります。
忙しいから自分と向かいあう時間が
とれないのではなく、
自分と向かいあう時間をとらないから
忙しくなるのです。

時間を動かす

愛する人を失うと、
時が止まったように感じます。
時間は、その人とのあいだに生まれる、
愛によって動かされていたのです。
その人の愛が、自分の心の奥深くで
生き続けていることに気づくなら、
そのとき時間は再び動き出すでしょう。

1月8日

1月9日

できることから

思った通りに
ならないからといってあせり、
周りの人を責めたり、
自分を責めて自暴自棄になったりすれば、
ますます状況は悪くなるでしょう。
大切なのはあせらないこと。
できることを、一つ一つ丁寧に
仕上げてゆけばよいのです。

告げ口

誰かに悪意を持っている人は、
「誰それがあなたの悪口を言っていましたよ」
と告げ口して、
わたしたちまで争いに巻き込もうとします。
「悪口も告げ口も、
わたしにとっては同じくらい気分が悪い」
とはっきり伝え、
巻き込まれないのが一番です。

1月10日

1月11日

背後にある思い

悩み相談では、ただ問いに
答えればよいわけではありません。
大切なのは、問いに答えることより、
むしろ、誰かに相談せざるを得ないほど
悩むその人の、
不安や悲しみに寄り添うこと。
問いの背後にある思いを、
しっかり受け止められますように。

思いを伝える

話すのが下手でも、
あきらめる必要はありません。
相手を見つめるやさしいまなざしや、
話をしっかり聞こうとする耳、
悲しみにそっと寄り添う
あなたの存在のぬくもりが、
口から出るどんな言葉よりもはっきりと、
あなたの思いを伝えてくれるでしょう。

1月12日

扉は開く

あきらめず叩き続ければ、
扉は必ず開きます。
もし開かないとすれば、
それはまだ時が来ていないから。
願い続け、叩き続ける日々の中で
少しずつ成長し、扉から入るのに
ふさわしい準備ができたなら、
そのとき、扉は開くでしょう。

1月13日

正しい判断

何かにしがみついていると、
それを失うことへの恐れが生まれ、
正しい判断ができなくなります。
しがみついているものから手を放し
「たとえすべてを失っても、
自分がいますべきことをする」
と思ったときにこそ、
最も正しい判断ができるのです。

1月14日

楽しんで生きる

「本当に楽しい日だった」
と思える一日を重ねてゆけば、
いつか「本当に楽しい人生だった」
と思って生涯を終えられるでしょう。
人がどう思うかを、
気にする必要はありません。
この一日を、
心から楽しむことができますように。

1月15日

自分の物語

人生は、自分だけが最初から最後まで
読み通すことのできる一つの物語。
途中の数ページを読んだだけの人に、
その価値を判断できるはずがありません。
最後のページを閉じるとき、
自分が本当におもしろかったと思えたなら、
それで十分なのです。

1月16日

助けあいの絆

大きな困難がやって来るときには、
必ず、人と人とのあいだに
助けあいの絆が生まれます。
困っている人、苦しんでいる人を見て
放っておくことはできない。
その純粋な気持ちが、
あらゆる困難を乗り越える、
大きな力を生み出すのです。

1月17日

自分の使命

すべての人から
気に入られようと思えば、
たちまち自分を見失ってしまうでしょう。
人から気に入られるためではなく、
それが自分の使命だからする。
悪口を言われても、ほめられても、
自分の道を決して見失わない。
それが何より大切です。

1月18日

わたしたち

遠くの誰かの苦しみを、
自分自身の苦しみのように感じるとき、
わたしたちの口から出る祈りは、
「あの人を助けてあげてください」ではなく、
「わたしたちを助けてください」になります。
神さまが、苦しんでいるわたしたちを
助けてくださいますように。

1月19日

愛が花開く

自分の思いが
相手になかなか伝わらないからといって、
あきらめてしまえば何も始まりません。
自分にできる精いっぱいのことを、
毎日こつこつ続けてゆけば、
少しずつ状況は変わり始めるでしょう。
真実の愛は、
忍耐によってこそ花開くのです。

1月20日

1月21日

限界を認める

体が疲れても、心が元気なら、
まだ頑張ることができるでしょう。
しかし、体も心も疲れ切っているときに、
気持ちだけで頑張ろうとすれば、
自分が壊れてしまいます。
自分が壊れてしまう前に、
限界を素直に認める勇気を持ちましょう。

時が熟せば

「ずいぶんひどいことを言われて傷ついたが、
いまになって思えば、
あのときはわたしも未熟だった」と思って
相手をゆるせるようになるには、
何十年もかかることだってあります。
無理をする必要はありません。
あせらずに、時が熟するのを待ちましょう。

1月22日

1月23日

愛に気づく

自分の弱さに気づくとき、
そんな自分を
これまでやさしく受け入れ、
忍耐強く見守っていてくれた
周りの人たちの愛に気づきます。
自分の弱さに気づくとき、
わたしたちは、自分がどれだけ
愛されているかに気づくのです。

悲しみの理由

誰かとの別れが
悲しくて仕方ないということは、
その人と一緒にいた時間が
それだけ素晴らしいものだったということ。
それほどまでに素晴らしい時間を
与えられたことを感謝し、
思い出を心に深く刻むことで、
悲しみを乗り越えられますように。

1月24日

心の傷口

体に傷を負ったとき、
無理に動こうとすれば、
傷口が開いて
痛みに耐えられなくなるでしょう。
心に傷を負ったときもそれと同じ。
無理に動こうとせず、
動いても痛みを感じないくらいまで
傷口がふさがるのを、
じっと待つのがよいでしょう。

1月25日

美しさと威厳

厳しい自然の中で
精いっぱいに生きる生き物たちの姿には、
美しさと威厳があります。
それは、生命そのものが持っている
美しさと威厳。
自分らしく精いっぱいに生きるなら、
わたしたちもきっと、
同じ美しさと威厳を
身にまとうことができるでしょう。

1月26日

1月27日

広さと深さ

この世界には、
広さと深さがあります。
遠くまで旅をすれば、
その広さに感動するでしょう。
近くの公園をゆっくり散歩すれば、
その深さに気づいて
感動するに違いありません。
この世界は広く、また深く、
無限の感動に満ちているのです。

夢を語る

誰もが共感できる夢、
すべての人が
幸せに生きられる世界の夢を語るなら、
その夢はたくさんの人たちの
思いと力を集め、
やがて実現してゆくでしょう。
みんなに希望を与えられる夢、
やがて必ず実現する夢を
力強く語ることができますように。

1月28日

自分もやがて

「自分自身も、やがては老いて、
さまざまなことができなくなる」
という事実を認めない限り、
高齢の人たちに、
親身になって寄り添うことはできません。
相手の苦しみへの深い共感は、
自分自身の弱さを
直視することから始まるのです。

1月29日

恵まれた人生

謙虚な心で生きてきた人は、
「こんなによくしてもらって、
わたしは本当に恵まれている。
本当に恵まれた人生だった」
と感謝しながら亡くなっていきます。
人生の最期に、
「わたしは本当に恵まれている」と思える。
それ以上の幸せがあるでしょうか。

1月30日

途中の景色

目的地だけを目指して進み、
途中の景色に目を止めないなら、
せっかくの旅を
十分に楽しむことができません。
人生の旅もそれと同じ。
目標にたどり着くまでの
一日一日の道のりを楽しむ人こそ、
せっかく与えられた人生を
十分に楽しむ人なのです。

1月31日

2
月

一輪の花

梅の花が一輪咲いただけで、
モノトーンだった世界は色彩を取り戻し、
ほんのりあまい香りが
辺り一面にただよい始めます。
一輪の花が咲いただけで、
世界がすっかり変わってしまうのです。
わたしたちも、
一輪の花として咲くことができますように。

2月1日

穏やかな一日

「何もない一日」とは、
穏やかに過ごした一日ということ。
病気も事故も、自然災害もなく、
誰かと喧嘩《けんか》したり、
仕事で失敗したりもせずに
過ごせた一日があったということ。
「何もない一日」の恵みに、
心から感謝することができますように。

2月2日

2月3日

あたたかい言葉

冷たい言葉は、相手の心だけでなく
自分自身の心も冷たくし、
あたたかい言葉は、相手の心だけでなく
自分自身の心もあたためます。
心を冷やさないように、
あたたかな心でぐっすり眠れるように、
冷たい言葉を避け、
あたたかい言葉を選んで話しましょう。

自分の場所

「なぜあのとき、
あんな道を選んでしまったのだろう」と、
後から自分を責めても仕方がありません。
そのとき、そのときで、
自分にできる
最善の判断をしてきたのなら、
いまいるこの場所こそ、
自分が本当にいるべき場所なのです。

2月4日

2月5日

真実に気づく

何度も繰り返すことで
真実だと思い込ませる洗脳。
世界で最もうまくいっている洗脳は、
「人間の価値は生産性によって決まる」
という洗脳でしょう。
思い込みを振り払い、
「生きているだけで
すべての命に価値がある」
と気づくことができますように。

命の意味

「自分は何のために生きているのか」
と考えて気持ちが沈んだときは、
懸命に生きる小さな生き物たちの姿を
見つめましょう。
難しく考える必要はありません。
生きているというただそれだけで、
わたしたちの命には、
確かに意味があるのです。

2月6日

2月7日

助けてもらう番

高齢になって体が動かなくなり、
人から助けて
もらわなければならないことを、
「情けない」と感じる必要はありません。
これまであなたは、
たくさんの人を助けてきた。
今度は、自分が助けてもらう番になった。
ただ、それだけのことなのです。

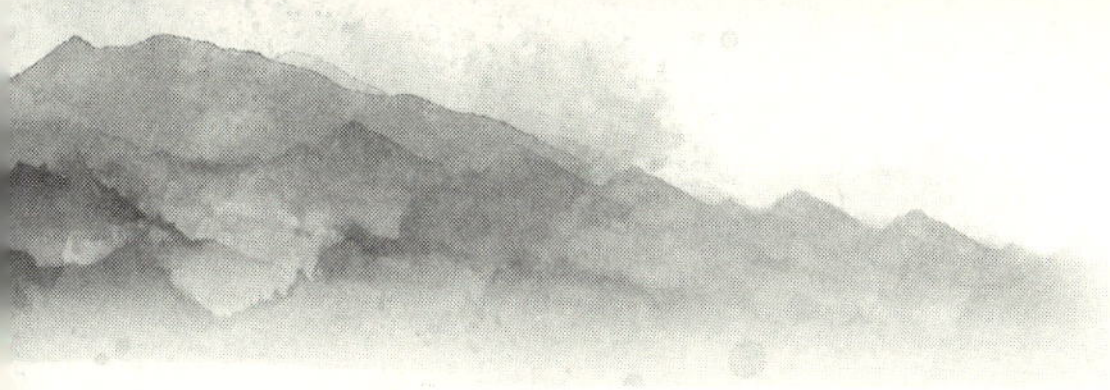

ゆっくり休む

「もうこれ以上は頑張れない」
と思ったなら、
それ以上、頑張る必要はありません。
人間である以上、
どんな人にも必ず限界がある。
そのことを素直に認め、周りに打ち明け、
自分を責めずに
ゆっくり休むことができますように。

2月8日

2月9日

最後の希望

誰かと会えなくて苦しいときは、
その人を思い、
その人のために祈りましょう。
ただその人のことだけを思って祈るとき、
わたしたちとその人とのあいだに
結ばれる確かな心の絆。
それこそ、わたしたちに残された
最後の希望であり、生きるための力なのです。

祈りは届く

まっすぐにささげられた愛は、
時も空間も越えて、必ず相手に届きます。
別れて遠くで暮らす人、
もう二度と会えない人、
天に召された人のもとにすら届くのです。
わたしたちのささげる祈りが愛ならば、
その祈りは必ず相手のもとに届くでしょう。

2月10日

我に返る

いつもの生活を離れたとき、
ふと我に返って、
「なぜわたしは
こんなことをしているのだろう」
と思うことがあります。
「我に返る」のは、何かに引きずられ、
本当の自分を見失っていたしるし。
静かに立ち止まり、
「我に返る」時間を大切にしましょう。

2月11日

心を守る

長引く体の痛みは、体だけでなく、
心も少しずつ弱らせてゆきます。
痛みを感じている部分を
守るのと同じくらい、
心もしっかり
守ることができますように。
心にかかる負担を少しでも減らせるよう、
人から助けてもらう勇気を持てますように。

2月12日

2月13日

もとの自分に戻る

よい人間になるために、
何か特別なことをする必要はありません。
わたしたちはみんな、
やさしい心を持って生まれてきたよい人間。
自分を守るために着こんだ
心のよろいを脱ぎ捨て、
もとの自分に戻るだけでよいのです。

取り扱いの注意

神さまは人間を
完全な作品として造りましたが、
一つだけ取り扱いの注意をつけました。
それは、
「互いに愛しあいなさい」ということ。
それを守りさえすれば、
わたしたちはこの地上で幸せに生き、
永遠の平和を実現することさえできるのです。

2月14日

2月15日

見守る人

頑張るために必要なのは、
何度失敗しても、
見捨てずに寄り添ってくれる人がいること。
自分の頑張りを、
あたたかく見守っていてくれる人がいること。
「頑張れ」と励ますだけでなく、
相手にとって、
そんな存在になってあげられますように。

関わりの中で

自分のことばかり考えて、
周りの人に心を閉ざし、
身近な木々や草花、
生き物に目を向けなくなると、
心はどんどん貧しくなってゆきます。
わたしたちの心は、
周りの人や、木々、草花、
生き物との関わりの中でこそ、
豊かに満たされてゆくのです。

2月16日

命の価値

自分より生産性が低い人を、
心のどこかで見下していると、
自分自身が病気や老いで
動けなくなったとき、
自分を受け入れられなくなるでしょう。
生きているというだけで、
すべての命に価値がある。
そのことを、
しっかり心に刻みつけましょう。

2月17日

本当の価値

「この点で、わたしの方があなたより
はるかに優れている」と言って
見下す人がいたとしても、
「そんなことはどうでもいい」
と思っていれば喧嘩《けんか》にはなりません。
自分の本当の価値を知っている人は、
誰とも競わず、
誰にも負けることがないでしょう。

2月18日

2月19日

感謝を忘れずに

いて当たり前と思っている人が、
急にいなくなったり、
あって当たり前と思っているものが、
急になくなったりすることがあります。
恐れる必要はありませんが、
いまその人がいてくれること、
それがあることへの感謝は、
忘れずにいる必要があるでしょう。

隠れた才能

「そんなことはできないし、
興味もない」と思っていたが、
やってみたら自分にもできた。
思っていたより楽しく、
自分の隠れた才能に気づいた。
そんなことがときどきあります。
せっかくの才能を無駄にしないために、
まずやってみるのがよいでしょう。

2月20日

2月21日

永遠に生きる

天国では、
先に亡くなった家族や友人が、
「あなたは本当によくやった。
あなたがどれだけ頑張ったか知っているよ」
と言ってわたしたちを出迎えてくれます。
わたしたちを愛してくれた
その人たちとともに永遠に生きる。
それが死ぬということなのです。

命の輝き

自分の弱さをよく知っている人が、
それでもさらなる高みを目指して
限界を乗り越えようとするとき、
そこに美しさが生まれます。
誰かに勝つから美しいのではありません。
その人が自分の弱さに打ち克ち、
自分の命を輝かせるからこそ美しいのです。

2月22日

2月23日

内なる敵

「みんなで仲よく暮らしたい」、
誰もが心の奥でそう願っているはず。
でも、わたしたちの心にはときどき、
「あんな奴、いなくなればいい」
という思いが湧いてきます。
その思いこそ、平和を壊す最大の敵。
内なる敵と戦い、
平和を実現できますように。

明らかな結論

「どちらの主張が
正しいか」という議論をしても、
きっと結論は出ないでしょう。
「子どもたちや高齢者、
無抵抗の人たちの上に
爆弾を落とすのは正しいか」
という議論であれば、結論は明らかです。
戦争という間違った行動を、
一日も早くやめられますように。

2月24日

神さまのてぶくろ

ウクライナ民話『てぶくろ』では、
おじいさんが落としたてぶくろの中で、
動物たちが仲よく暮らします。
仲よく暮らせば、小さなてぶくろも、
決して狭くないのです。
この地球は、神さまが落としたてぶくろ。
みんなで仲よく暮らせますように。

2月25日

光を見つける力

希望とは、できるはずがないことを、
できると思い込むことではありません。
希望とは、できるはずがないという
思い込みを打ち破り、
不可能と思えることさえ
可能に変えてゆく力。
絶望の闇の中に、
光を見つけ出す力のことなのです。

2月26日

2月27日

ただそこにいる

「自分には何もできない」と、
自分を責める必要はありません。
あなたが、ただそこにいる
というだけでうれしい人が、
必ずいるからです。
あなたがただ生きていて、
いつも通りにっこりほほ笑んでいる。
ただ、それだけでよいのです。

愛の種を蒔《ま》く

植物の種は、
発芽にちょうどよいときまで、
何年も土の中で待ち続けます。
心に蒔かれた愛の種もそれと同じ。
すぐ芽を出さなくても、
何年も、何十年もたってから
芽を出すことがあるのです。
あきらめず、
愛の種を蒔き続けられますように。

2月28日

2月29日

人格を養う

落ちているゴミを拾ったり、
散らかった履物を整えたり、
人が見ていないところで
みんなのことを思って行動するなら、
その気持ちは、
人の見ているところでも自然に現れます。
見えないところでの行動が、
わたしたちの人格となって現れるのです。

3

月

3月1日

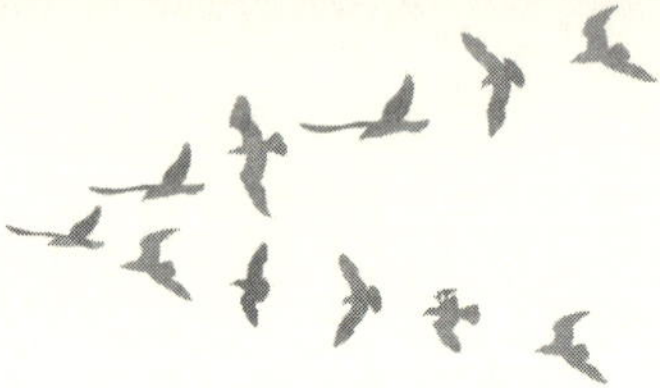

小さな幸せ

他の人から
ほめてもらう必要はありません。
自分にとって楽しいこと、
それをしているだけでうれしくなることが
日々の生活の中にいくつかあり、
一日に何度か、
心の底からにっこりほほ笑むことができる。
それが幸せということなのです。

未来は変わる

未来が心配になるのは、
どこかにもう
決まった未来があると思っているから。
しかし、そんなものは存在しません。
未来は、いまわたしたちが
どう生きるかによって、
無限に変化してゆくもの。
未来を心配するより、
いまどう生きるかを考えましょう。

3月2日

3月3日

地球の仲間

独りぼっちの人などいません。
地球上のすべての命は、
いま、この同じ瞬間を
精いっぱいに生きる仲間。
そのことに気づき、
目に映るすべての命を
愛おしいと思えたなら、
そのときわたしたちの心は
喜びと力に満たされるでしょう。

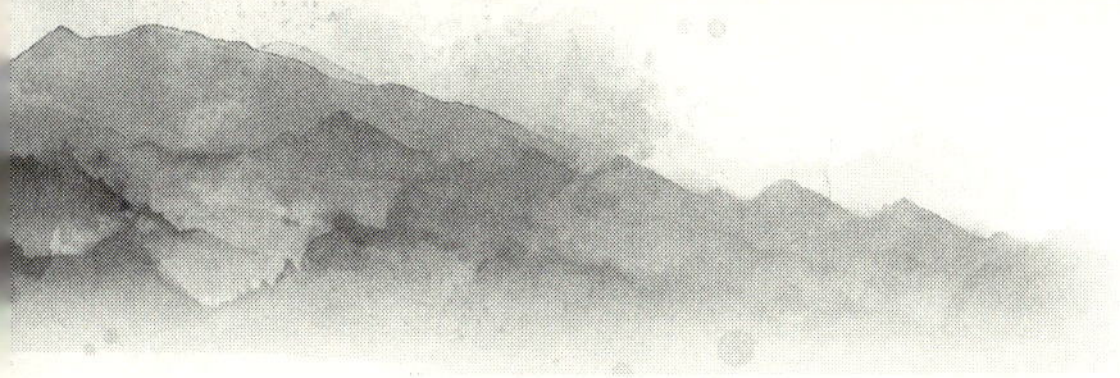

自分を守る

「相手が嘘をついたから、
わたしも嘘をつく」
「相手に傷つけられたから、
わたしも相手を傷つける」
ということを繰り返すと、
相手と似た人間になってしまいます。
「これをしたら
わたしではなくなる」という線を、
しっかり守れますように。

3月4日

世界の美しさ

愛する人を失うと、
世界から色が消えたように感じます。
鮮やかな色にあふれたこの世界を、
あまりにも美しいと感じられるのは、
愛する誰かがこの世界に
生きているからなのかもしれません。
すべての美しさは、
愛から生まれるものなのです。

3月5日

天国の先取り

いつまでも眺めていたい美しさも、
いつまでも味わっていたい楽しさも、
やがて終わりがやってきます。
ですが、残念に思う必要はありません。
その美しさ、その楽しさは天国の先取り。
天国には、それ以上の美しさ、
楽しさが待っているのです。

3月6日

3月7日

十分にすごい

一日の終わりには、
今日、自分ができたこと、
時間通り起きた、顔を洗った、
ちゃんと食事をとったなど、
一つ一つを思い出し、
「よくやった」と
自分をほめてあげましょう。
生きるということは、
それだけで十分にすごいことなのです。

自分をほめる

自分に高望みをしていると、
どれほど一生懸命にやっても、
結局、自分で自分をけなすことになります。
それでは自分がかわいそう。
まずは、一生懸命にやったことを認め、
自分をほめてあげましょう。
反省するのは、
それからでも遅くありません。

3月8日

3月9日

信頼と平和

平和は、相手との
信頼関係の上にのみ実現しますが、
暴力は、相手との
信頼関係を完全に破壊します。
暴力によって平和を実現するというのは、
そもそも矛盾したことなのです。
心を開いて話しあい、信頼への道、
平和への道を歩むことができますように。

祈りは実現する

世界の平和を願って祈るとき、
わたしたちの心に平和が生まれます。
人類の幸せを願って祈るとき、
わたしたちの心に幸せが生まれます。
わたしたちは世界の一部であり、
人類の中の一人。
わたしたちの祈りは、願った瞬間から、
確実に実現し始めているのです。

3月10日

3月11日

祈らずにいられない

「祈って何の役に立つのか」
という問いには意味がありません。
大切な人が苦しんでいるとき、
わたしたちは祈らずにいられないのです。
愛しているなら、
祈らずにいられないのです。
わたしたちの心が愛で一つに結ばれるとき、
世界は必ず変わるでしょう。

身近な自然

わたしたちの体は、
自然の法則に従って動いています。
働きすぎれば疲れ、
過度な負担がかかれば
故障するのが当たり前なのです。
人間の思った通りにならない、
最も身近な自然である自分の体を、
大切にいたわることができますように。

3月12日

3月13日

幸せのありか

何かを成し遂げたり、
人からほめられたりする幸せは、
いっときのことでしかありません。
人生の幸せの大部分は、
毎日の食事や仲間の笑顔、
美しい自然との出会い、
整った生活、健やかな睡眠。
そういった、
ささやかなことの中にあるのです。

どちらがよいか

生まれるということは、
やがて死ぬということであり、
出会うということは、
いつか別れるということ。
だからといって、
生まれない方がよかった、
出会わない方がよかったとはなりません。
生まれたこと、出会えたことを
心から感謝できますように。

3月14日

自分の時間

誰かと自分を比較して
ねたましく思ったときは、
その人も自分自身も、
百年後にはきっと生きていない
ということを思い出しましょう。
何より大切なのは、自分に与えられた
このかけがえのない時間を、
悔いなく、精いっぱい生きることなのです。

3月15日

持つべきもの

何かを持つことで、
その人の価値が上がるわけではありません。
その人にしっかりした自分の生き方があり、
持ち物がそれに
ぴったり合っているときにこそ、
持ち物はその人を輝かせるのです。
まずは、自分なりの
生き方を持つことから始めましょう。

3月16日

3月17日

新しい場所でも

「こんな素晴らしい人たちと別れたくない」
と心の底から思える人は、
きっと新しい場所でも、
また素晴らしい人たちと出会えるでしょう。
相手のよいところを見つけ出し、
心から信頼できる人は、
どんなところでも
素晴らしい人と出会えるのです。

出会えた奇跡

早すぎる別れが訪れたときには、
「こんな短いあいだしか、
この人と一緒にいられなかった」
と嘆くのではなく、
「たとえ短い時間でも、
この人と一緒にいられた」
と思って感謝しましょう。
わたしたちに与えられる、
すべての出会いは奇跡なのです。

3月18日

3月19日

黙って寄り添う

励ましの言葉は、
ときに相手を傷つけることがあります。
どんなによい言葉でも、
苦しみもがいている本人には、
「他人事《ひとごと》だからそんなことが言えるのだ」
としか思えない場合があるからです。
黙って相手の苦しみに、
寄り添うことができますように。

謙虚な理由

自分のよさを知っている人は、
相手のよさも素直に認め、
相手を尊敬することができます。
改めて自分のよさを
証明する必要を感じないので、
自分から自分のよさを話すこともありません。
謙虚な人とは、
自分のよさを知っている人のことなのです。

3月20日

3月21日

生きてさえいれば

「これを手放しても、
生きてゆくことはできる」
と気づくたびに、わたしたちは
少しずつ自由になってゆきます。
「すべて手放しても、
生きてさえいればなんとかなる」
と気づいたなら、そのとき、
わたしたちは完全な自由に到達するでしょう。

大きな命

わたしたちはみな、
この世界を生み出した、
大きな命の一部分。
この世界に生きる他の命を傷つければ、
それは自分自身を傷つけるのと同じこと。
自分を大切にするのと同じくらい、
すべての命を
大切に守ることができますように。

3月22日

3月23日

沈黙こそが答え

「どんなに祈っても、
神さまは答えてくれない。
ただ沈黙している」
と思ったときは、
神さまは沈黙によって
語る方だということを思い出しましょう。
わたしたちの苦しみに、
黙ってそっと寄り添う沈黙。
その沈黙こそが、神さまの答えなのです。

人間を知る

自分と向かいあうとは、
人間と向かいあうということ。
自分の心をしっかり見つめ、
自分が何を恐れ、何に感動し、
何を求めているのか知れば知るほど、
わたしたちは人間を深く知るのです。
その知識は必ず、
誰かを助けるための力になるでしょう。

3月24日

3月25日

必ずまた会える

死んでいった人たちは、いま、
天国の大きな喜びの中にいて、
自分を見守っていてくれる。
いつか必ず、また会える日がやってくる。
そう信じることでのみ、
乗り越えられる悲しみがあります。
その希望があるからこそ、
わたしたちは生きてゆけるのです。

自分を忘れる

本当に好きなこと、
自分が本当にやりたいことを
しているとき、
わたしたちは自分のことを忘れています。
ですが、そのときにこそ、
わたしたちは自分らしく生きているのです。
自分を忘れられるほど夢中になれるものを、
見つけることができますように。

3月26日

3月27日

幸せの訪れ

幸せは、ある日、突然やって来ます。
「あのせいでこうなった」
と思っていたことを、
「あのおかげでこうなれた」
と思えるようになったなら、
いまの自分を受け入れ、
いまの自分に感謝できるようになったなら、
そのときわたしたちに幸せが訪れるのです。

人生で一回だけ

別れはいつ
やってくるか分かりません。
一つ一つの会話を、
まるでその人と交わす
初めての会話であるかのように、
最後の会話であるかのように、
人生で一回だけの
特別な会話であるかのように、
大切にすることができますように。

3月28日

人生を受け入れる

過ぎ去った
ある時期の自分を思い起こし、
そのとき精いっぱいに
生きていた自分を愛おしく思う。
それを繰り返し、すべての時期の
自分を愛することができたなら、
そのときわたしたちは
自分の人生そのものを愛し、
受け入れることができるでしょう。

3月29日

自分なりの人生

他人へのねたみは、
自分の人生に
納得できていないとき生まれます。
「そのとき、そのとき、
自分なりに精いっぱい生きてきたなら、
自分にとってこれが最高の人生。
わたしの人生はこれでいいんだ」
と思えるようになれば、
他人へのねたみは消えるでしょう。

3月30日

3月31日

自分のすごさ

自分に価値があると思えないときは、
他人と比較するのをやめ、
自分の成長だけを振り返ってみましょう。
これまでどれだけ努力し、
どれだけの困難を乗り越えてきたか。
その一つ一つを思い出せば、
自分がどれだけすごいか分かるでしょう。

4月

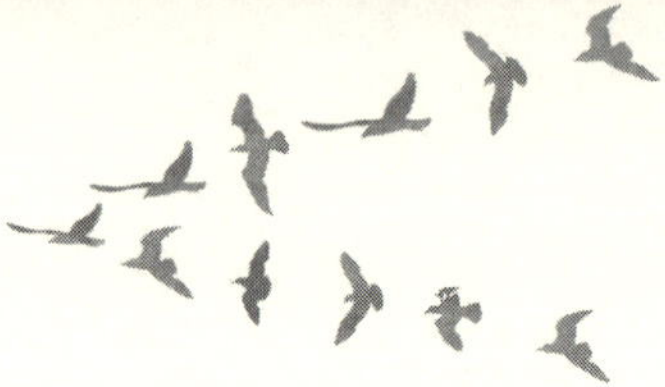

4月1日

出会い

これまでの人生は、
この出会いのための準備だった。
ここから本当の人生が始まる。
そう思えるほどの出会いが、
確かに存在します。
まだ出会っていないなら、
その出会いを楽しみに待ち、
もう出会ったなら、
その出会いを大切に育てましょう。

自分の花

花は、その花らしく咲いたときに
本当の美しさが現れます。
人間も、それと同じでしょう。
初めからあきらめ、
咲く前にしおれてしまえば、
せっかくの美しさが台無し。
自信をもって、
自分の花を精いっぱい
咲かせることができますように。

4月2日

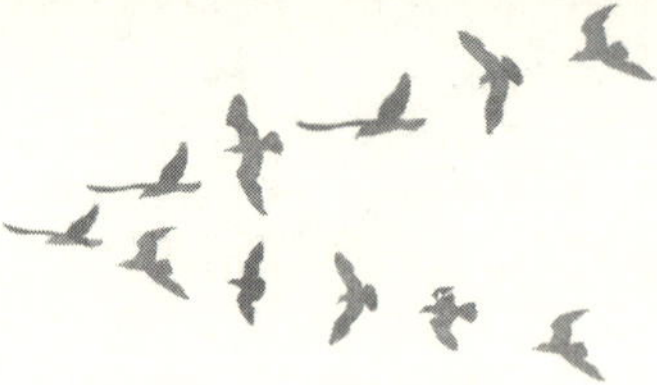

4月3日

一番よい場所

望んでいた学校や会社に
入れなかったからといって、
がっかりする必要はありません。
そこで自分にしかできないことを
見つけ出し、自分らしさを
最大限に開花させることができたなら、
その場所こそが
自分にとって一番よい場所になるのです。

変わらないもの

何があっても
変わらないものがあるとすれば、
それは、何があっても相手をゆるし、
あたたかく見守り続ける真実の愛だけ。
「あなたがあなたである限り、
何があろうとあなたを愛し続ける」
そんな愛と出会うことができますように。

4月4日

4月5日

未知の深淵

学問にしても、仕事にしても、
「これについては、もうよく知っている」
と思い込めば、それ以上を
知ることができなくなります。
「まだまだ、理解し尽くすにはほど遠い」
と思って丁寧に関わり続ける人だけが、
やがて未知の深淵に到達するのです。

心を整える

外見は鏡に映すことができますが、
自分の内面は
鏡に映すことができません。
乱れた髪や服装を鏡に映し、
整えてから人前に出るのと同じように、
目を閉じて気持ちを落ち着け、
心を整えてから人前に出られますように。

4月6日

4月7日

自分の心を信じる

無理に信じる必要はありません。
相手の笑顔やまなざし、やさしさに触れ、
「この人を信じたい。
信じずにはいられない」と思ったら、
そのとき信じればよいのです。
誰かを信じるとは、
その人を信じたいと願う、
自分の心を信じるということなのです。

この一瞬

風に吹かれて散ってゆく桜のように、
やがて散ってゆくわたしたちの命。
桜の花が、散るからこそ美しいように、
過ぎ去って二度と戻らないからこそ、
生きているいまこの一瞬には、
限りなく価値があるのです。
この一瞬を愛し、
心ゆくまで楽しみましょう。

4月8日

4月9日

それぞれの美しさ

タンポポがどんなに頑張っても、
バラの花を咲かせることはできません。
ですが、自分らしく咲けば、
どんなバラにも負けないほど美しい
タンポポの花を咲かせられるでしょう。
他人をうらやむことなく、
自分らしい花を咲かせられますように。

信頼できる人

相手によって態度を変える人は、
こちらの立場が変われば、
急に態度を変えるかもしれません。
本当に信頼できるのは、
相手が誰であっても態度を変えない人。
誰に対しても、誠実に、
丁寧に関わることができる人なのです。

4月10日

4月11日

幸せの記憶

すべてを失い、
どん底に落ちたと感じるときでさえ、
まだ幸せを見つけることはできます。
心の奥深くにしまっておいた
大切な人の記憶。
その人の笑顔や手のぬくもりを
思い出すことさえできれば、
どんな状況にあっても
幸せを感じることができるのです。

人生の価値

「人から評価されているから
自分の人生には価値がある」という確信は、
人から忘れられると崩れます。
「たとえ目立たなくても、
自分に与えられた役割を
精いっぱい果たした。
だから自分の人生には価値がある」
という確信は、何があっても揺らぎません。

4月12日

表裏一体

どんな試練にも耐えられる強さは、
耐えられない人の痛みが
分からないという弱さになり、
頑張っても途中でくじけてしまう弱さは、
同じ弱さを持った人の痛みが
分かるという強さになります。
強さと弱さは表裏一体、
分けられないものなのです。

4月13日

尊いからこそ

心のどこかで相手を見下し、
「この人は
かわいそうな人だから助けてあげる」
というのは、本当の愛ではありません。
相手の命がどれほど尊いかに気づき、
「この人のために何かせずにはいられない」
と思って手を差しのべる。
それが本当の愛です。

4月14日

長い目で見る

相手が自制心を失ったからといって、
こちらも自制心を失えば、
待っているのは悲惨な結末だけ。
相手が目先のこと、
自分のことしか見えなくなっているなら、
こちらは長い目で見て、
お互いにとって
一番よい道を選ぶようにしましょう。

4月15日

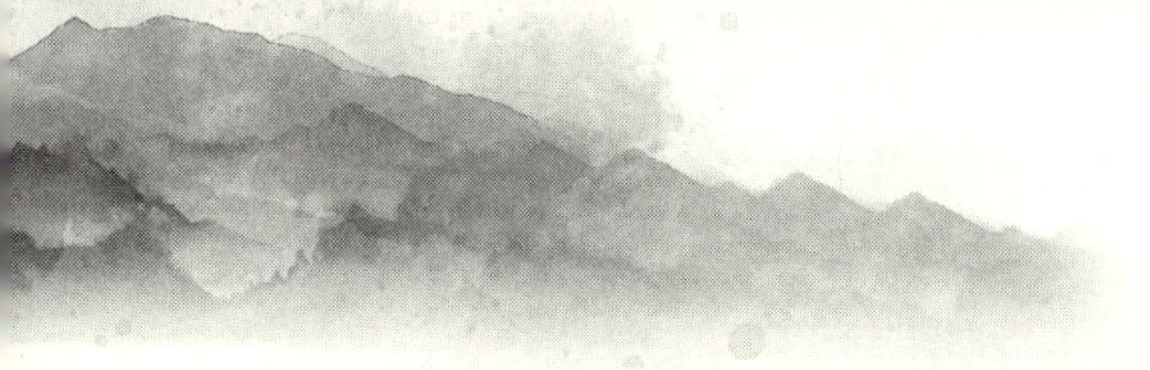

受け入れる

自分の力でどうにもならないことを、
それでもどうにかしようと画策し、
やはりどうにもならないと分かって落ち込む。
そんなことを、つい繰り返すわたしたち。
どうにもならないことは、
どうにもならなくて当たり前と思って
受け入れることができますように。

4月16日

4月17日

魔法の言葉

「ありがとう」と言ってもらえたとき、
わたしたちは
自分が必要とされていること、
こんな自分でも
誰かの役に立てることを知って
幸せな気持ちになります。
「ありがとう」は、どんな相手でも
幸せにできる魔法の言葉なのです。

最後の目標

身に着けた能力や手に入れた肩書などは、
やがてすべて失われます。
最後に残るのは、わたしたちがただ、
生きているということだけ。
寝て、起きて、食べて、
ただそのことだけで満足できる人になる。
それが人生の
最後の目標と言ってよいでしょう。

4月18日

4月19日

痛みでつながる

体のどこかが痛むときには、
その痛みは、いつか誰かが味わったのと
同じ痛みだということを思い出しましょう。
「痛いのはわたしだけではない。
この痛みは、
自分が人間であることの証《あかし》なのだ」
と思えば、痛みでさえ、
一つの恵みに変わるでしょう。

言葉が心を作る

食べたり、飲んだりした物が
わたしたちの体を作ってゆくように、
聞いたり、読んだりした言葉が
わたしたちの心を作ってゆきます。
悪い言葉は受け流して心に入れず、
よい言葉だけを吸収して、
自分の心の
一部にすることができますように。

4月20日

4月21日

香りを残す

誰かの心からあふれ出した
喜びややさしさ、勇気や希望は、
その人が去った後も
よい香りとなって周りの人たちの心に残り、
その人たちを励まします。
怒りやいら立ち、不安や恐れの悪臭ではなく、
さわやかな愛の香りを
残せる人になれますように。

悲しみの絆

亡くなった誰かを思って泣いている人は、
心の中で
亡くなった人と一緒に過ごしています。
深い悲しみは、
亡くなった人と残された人を結ぶ確かな絆。
慰めようとするよりも、
悲しみたいだけ悲しめるよう、
黙って寄り添うことができますように。

4月22日

純粋な愛

多くの人から評価される満足感も、
大きなことをやり遂げる達成感も、
自分がいまここにいることを、
心から喜んでくれる人がいる
という幸せには及びません。
その幸せの中にこそ、
人生で一番大切なもの、
混じり気のない愛が隠れているのです。

4月23日

信頼関係

言葉の響きは、
相手とのあいだに結ばれた、
信頼関係の深さによって変わります。
同じ言葉でも、信頼関係の深さによって、
響き方は大きく違うのです。
よいことを話そうと努力するより、
まず、相手とのあいだに
信頼関係を築くことから始めましょう。

4月24日

語れること

自分が大切にしているものの
よさを語るなら、何の問題もありません。
しかし、それが他のものより
優れていると言い出すなら問題です。
なぜなら、わたしたちは
他のものについてよく知らないからです。
知っていることだけを語るのがよいでしょう。

4月25日

貸しも借りもない

誰かに助けてもらっても、
「借りができた」
と考える必要はありません。
その人はきっと、
人間として当然のことをしたとしか
思っていないし、
何の見返りも求めていないからです。
感謝して、自分も同じように
人を助けることができますように。

4月26日

一緒に歩く

孤独を恐れて相手にしがみつくなら、
一緒に歩くことはできません。
孤独を恐れず、
一人でいられる者同士だからこそ、
一緒に歩くことができるのです。
ともに生きるために、
まずは自分の孤独と向かいあい
孤独と和解することができますように。

4月27日

みんな頑張っている

頑張っている人は、他の人に対して、
「なぜあなたはもっと頑張らないんだ」
と厳しい態度をとってしまいがち。
その人も、その人なりに
精いっぱい頑張っている。
ただ、頑張っているところが
自分と違うだけだと
気づくことができますように。

4月28日

4月29日

いたわりの心

「疲れた」とあえて口にするのは、
誰かにいたわって欲しい、
頑張っている自分に
気づいて欲しいという気持ちのあらわれ。
「疲れた」と言う人がいたら、
「お疲れさま。よく頑張ったね」と、
やさしく声をかけてあげられますように。

すぐ反応しない

疲れがたまっているときには、
ささいなことが大きな問題に見え、
過剰な反応をしてしまいがち。
結果として、
取り返しのつかないことになるのです。
疲れているときには、すぐに反応しない。
それだけで、状況はだいぶよくなるでしょう。

4月30日

5
月

5月1日

やりたい理由

「できない理由」

がもし百個あったとしても、

「どうしてもやりたい理由」

が一つあれば、道は必ず見つかります。

先のことを想像して「できない理由」

を探すより、初めにあったはずの
「どうしてもやりたい理由」

を思い出しましょう。

多くはいらない

幸せになるために必要なのは、
世界中を旅することより、
むしろたった一カ所、
自分のいるべき場所を見つけ出すこと。
世界中の人たちから称賛されることより、
むしろたった一人、
あるがままの自分を
受け入れてくれる人と出会うことです。

5月2日

5月3日

命の尊さ

自分の命の尊さに気づけば、
自分を大切にできるでしょう。
相手の命の尊さに気づけば、
相手を助けたいと思うはずです。
動植物の命の尊さに気づけば、
自然を守りたいと思うに違いありません。
命の尊さに気づく、
すべてはそこから始まるのです。

見つけた宝

美しい花や景色を見て、
「何かきれいなものがある」
と思うだけで通り過ぎるのは、
せっかく見つけた宝を
拾わずに通り過ぎるようなもの。
ときどき立ち止まってその美しさを味わい、
心に刻んで持ち帰るようにすれば、
心は宝で満たされるでしょう。

5月4日

5月5日

本当の偉さ

小さな子どもに、
地位や肩書は通用しません。
子どもたちにとって偉い人とは、
友だちが困っているとき、
さっと助けの手を差し伸べる人。
泣いている子に、
自分のお菓子を分けてあげられる人。
小さな子どもは、
本当の偉さを知っているのです。

愛の体験

大人は、誰かに大切にされても、
「お金があるから、有能だから、
立場が上だから当然」などと
思ってしまいがち。
だからこそ、
何も持たない、何もできない
子どものころ大切にされた体験は、
真実の愛の体験として心に残るのです。

5月6日

5月7日

解毒する言葉

毒のある言葉が
心に入ってしまったときは、
いたわりに満ちた言葉で
解毒しましょう。
「つらかったね、苦しかったね。
あなたはよく頑張った。
もう我慢しなくていいよ」
自分自身にそう語りかけ、
涙で毒を洗い流しましょう。

本来のよさ

人間の価値は、
その人がその人らしく
生きていることから生まれるもの。
他人の目を気にして自分らしさを失えば、
あなたの本来の
よさがなくなってしまいます。
自分の持っているよさを信じ、
ただ自分らしく
生きることだけを考えましょう。

5月8日

5月9日

いつも近くに

どこかに何か、
特別な幸せがあるわけではありません。
日々の生活の中に喜びを見つけ出し、
日々の生活そのものを
楽しむことが幸せなのです。
遠くに探しに行っても見つからないもの、
いつもすぐ近くにあるもの、
それが幸せなのです。

光り輝く奇跡

自分がいま生きている。
そのこと自体が奇跡だと気づけば、
花が咲いていることも、
鳥が飛んでいることも、
木々が風に揺れていることも、
すべてが奇跡だと気づくでしょう。
わたしたちはいま、
光り輝く命の奇跡の中にいるのです。

5月10日

消えない悲しみ

愛する人を失った悲しみは、
どれほど時間がたっても消えません。
その人を愛し続けている限り、
その人と会えない悲しみは
いつまでも残るのです。
いつまでも消えない悲しみを、
永遠の愛の証《あかし》として
抱きしめることができますように。

5月11日

心の扉を開く

つらいときは、
思いきって外に出ましょう。
陽射しを浴び、地面を踏みしめ、
風を感じながら歩くとき、
心の扉は外に向かって開かれます。
開かれた心の扉からは、
悲しみや不安が外に流れ出し、
命の喜びが心に流れ込んでくるでしょう。

5月12日

心の力

これを思い出せば
元気になれるというものを、
いくつか準備しておきましょう。
かわいらしい動物のしぐさ、
お気に入りの花壇、
楽しかった子どものころの記憶など
なんでも構いません。
思い出してにっこりできるもの、
それが心の力になるのです。

5月13日

注意深く見る

遠くまで行けなくなったときは、
身近なものを
注意深く見るようにしましょう。
一輪の花の中にある
無限の美しさに気づけば、
それだけで世界はぐっと広くなります。
大切なのは、たくさんのものを見ることより、
むしろ注意深く見ることなのです。

5月14日

生活のリズム

体調が悪いときに、
いつもの生活のリズムを守ろうとすれば、
体を壊してしまうでしょう。
体調が悪いときには、
体調が悪いとき用の
生活のリズムに切り替えること。
自分の限界を素直に認め、
いまの自分にできることで満足しましょう。

5月15日

人生は長い

目先のことばかり追いかけていると、
小さな失敗でも、
取り返しがつかない大失敗だと
思い込んでしまいがち。しかし、
簡単にあきらめる必要はありません。
何十年と続く人生の中では、
取り返しがつかないほど
大きな失敗などほとんどないのです。

5月16日

5月17日

それぞれ素晴らしい

「多様性を認める」とは、
相手の生き方を、
我慢して受け入れる
ということではありません。
自分の生き方も、相手の生き方も
それぞれ素晴らしいと気づき、
互いに学びあいながら成長してゆく。
それが、「多様性を認める」
ということなのです。

見る角度

同じ花を見るにしても、
どの角度から見るかによって、
まったく違った美しさが現れます。
人間を見るときもそれと同じ。
視点を変え、
あらゆる角度から相手を見れば、
きっと違った美しさ、
思いがけないよさを
見つけ出せるに違いありません。

5月18日

5月19日

道は見つかる

人間は、どんな風にしても
生きてゆけるもの。
「もうどうにもならない」と思ったなら、
それは、自分が自分を
「こうでなければならない」という
思い込みの中に閉じ込めてしまっただけ。
思い込みの壁を壊せば、
道はいくらでも見つかるでしょう。

あなただからこそ

どんな場所でも、
その場所だからこそできること、
その場所でしか
できないことが必ずあります。
どんな人でも、
その人だからこそできること、
その人にしか
できないことが必ずあります。
幸せとは、それを見つけ出すことなのです。

5月20日

自分の価値観

足が短いと悪口を言われても、
人間の価値はそんなことで決まらない
と思えば腹は立ちません。
足が長いとほめられても、
人間の価値はそんなことで決まらない
と思えば思い上がりません。
大切なのは、
自分の価値観をしっかり持つことなのです。

5月21日

信じて見守る

隠された才能の種は、
信じて見守っていてくれる人の
愛の中で芽吹くもの。
手を出して、
無理に芽を出させようとしても、
それは逆効果にしかなりません。
才能を存分に開花させ、
喜びに輝くその人の顔を見たいなら、
信じて見守るのが一番です。

5月22日

心の状態

心が疲れてすさんでいるときには、
相手の悪いところばかりが目につきます。
でも、それは相手が悪いわけではなく、
見ている自分の心の状態が悪いだけ。
疲れをとり、落ち着いた心で見れば、
きっと相手の
よいところが見えてくるでしょう。

5月23日

本心を読み解く

口から出る言葉が、
相手の本心を表しているとは限りません。
「なぜ、この人はこの言葉を
発せずにいられなかったのだろう」
と考え、その理由を相手の表情や仕草、
行動から読み解くとき、
わたしたちは初めて
相手の思いに触れることができるのです。

5月24日

5月25日

気になるから

誰かに悪口を言われたなら、
それは、その人が
あなたのことを気にしている証拠。
「この人は、わたしのことを
こんなにも気にしている。なぜだろう」
と考える心のゆとりがあれば、
悪口を言われても
あまり腹は立たないでしょう。

精いっぱいに

人生の目標を見つけ出し、
目標に向かって
真っすぐ生きるのは立派なこと。
はっきりした目標を見つけられないまま、
目標を探し求めて懸命に生きるのも、
それと同じくらいすごいこと。
精いっぱいに生きている、
そのこと自体に価値があるのです。

5月26日

5月27日

愛を込めて丁寧に

椅子を並べるというありふれた仕事も、
その椅子に座る人たちの顔を
思い浮かべてするなら、
意味のある楽しい仕事に変わります。
雑にすれば無意味に感じられる仕事も、
愛を込めて丁寧にすることで、
意味のある楽しい仕事に変わるのです。

景色は変わる

同じ場所に立ち止まっていては、
同じ景色しか見えません。
勇気を出して歩き始めれば、
見える景色は少しずつ変わり始めます。
歩き続け、探し続けましょう。
見落としていた可能性や、
思いがけないところに
開いた出口がきっと見つかるはずです。

5月28日

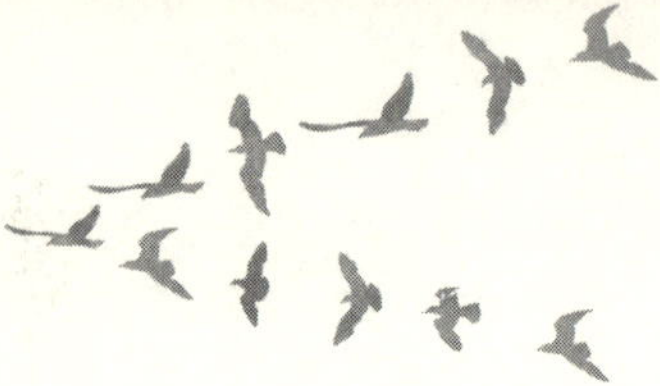

それ自体を楽しむ

結果を出そうとしてやれば、
結果が出なかったとき
がっかりするでしょう。
それをやりたいから、
そうするのが楽しいからやっているなら、
結果が出なくても
がっかりすることはありません。
生きることそれ自体を、
楽しむことができますように。

5月29日

人間同士

やがては死んでゆく人間同士。
互いに競いあい、
見下しあっても仕方がありません。
いずれにしても苦しい状況の中で、
希望を捨てることなく
精いっぱい頑張っている相手の健闘を、
互いに認めあい、
支えあうことができますように。

5月30日

状況は変わる

「こんな状況ではもうだめだ」
と思うのは、この状況が
いつまでも続くと思い込んでいるから。
いつまでも変わらない状況など存在しません。
どんな最悪の状況も、いつか必ず変化する。
いつか必ず道が開かれる。
そこに、わたしたちの希望があります。

5月31日

6
月

6月1日

まずやってみる

「できること」と
「できないこと」のあいだに、
「やってみなければ分からないこと」
があります。もし迷ったなら、
まずはやってみましょう。
「これならいけそうだ」と思えば
全力で挑めばよいし、
「とても無理だ」と思えば
別の道を探せばよいのです。

なるようになる

自分の力でどうにもならないことを
無理に変えようとすると、
問題が複雑になり、
かえってよくない結果を招きます。
「自分の力でどうにもならなくても、
物事は必ずなるようになる」と腹を決め、
落ち着いて
自分ができることに集中しましょう。

6月2日

6月3日

二人の使命

神さまが導いて
二人を出会わせてくれたのなら、
それは、この二人でしか
できないことがあるから。
一人ではできないけれど、
この人とならできる。
その尊い使命を、
互いに支えあい、励ましあいながら
果たしていくことができますように。

やさしさを取り戻す

誰かから愛されていると感じると、
人間は急にやさしくなります。
それは、誰かから愛されることで、
自分自身の心の奥深くに眠っている
愛が目を覚ますから。
愛されて生まれてきたわたしたちは、
愛されることによって
元のやさしさを取り戻すのです。

6月4日

6月5日

愛されるとは

相手の愛を、
目で見て確認することはできません。

わたしたちにできるのは、相手を信じ、

「この人はわたしを愛してくれている」

と信じることだけ。

「わたしは誰かから愛されている」

ということは、つまり、

「わたしはその人を信じている」

ということなのです。

信じる力

信じるとは、
何があっても絶望だけはしないということ。
それがなければ
生きていても意味がないと思えるものを、
決して手放さないということ。
大切な誰かを、最後まで愛し抜くということ。
信じる力を、失わずにいられますように。

6月6日

6月7日

愛してくれる人

「成功してチヤホヤされたい」
という願いには、
一つの大きな欠点があります。
成功したという理由でチヤホヤする人は、
失敗すれば去ってゆくということです。
本当に必要なのは、
たとえ失敗しても、
自分のもとを去らない人、
自分を愛してくれる人の存在なのです。

相手の痛み

ぶつかった方はなんともなくても、
ぶつかられた方は
大きな痛みを感じている。
言った方はなんともなくても、
言われた方は深く傷ついている。
そんなことがよくあります。
相手の痛みに、
敏感になることができますように。

6月8日

6月9日

自分を肯定する

強い言葉で人格を否定されると、
自分の存在に疑いを感じ、
生きる気力を失いそうになります。
ですが、誰がなんと言おうと、
あなたの人生には価値があり、
生きることには意味があるのです。
否定を押し返すほど強く、
自分を肯定できますように。

心の翼

「自分は確かに愛されている」
と信じている限り、
わたしたちは、心の翼に愛の風を受け、
どこまでも飛んでゆけます。
ところが、「本当に愛されているのか」
と疑い始めると、
たちまち失速してしまうのです。
信じる力を、
強く持つことができますように。

6月10日

天に帰る

天から降った雨は、大地を潤し、
豊かな実りをもたらして、
再び天に帰ってゆきます。
わたしたちの命もそれと同じ。
天からこの世界にやって来て、
たくさんの人たちと出会い、
豊かな愛の実りをもたらして、
再び天に帰ってゆくのです。

6月11日

愛だけを残す

地上の何かにしがみついていれば、
天国にゆくことができません。
たくさんのものを手に入れ、
ため込んだなら、あるところからは、
それを手放す作業に入る必要があります。
惜しみなく分かちあい、
愛だけを残して
旅立つことができますように。

6月12日

偉大な人

どれほど偉大なことを
成し遂げたとしても、
その人が偉大な人とは限りません。
逆に、世間から注目されなくても、
家族や友人、大切な人たちを守るために、
日々、こつこつと働き続ける人は、
どんな場合であっても
称賛されるべき偉大な人です。

6月13日

心に吹く風

本当によい考えが浮かんだときは、
心をさわやかな風が
吹き抜けたような気がします。
その考えが鍵となって心の扉が開かれ、
もやもやしていたものが
一気に吹き払われるのです。
頭だけで考えるのではなく、
心で感じて決められますように。

6月14日

6月15日

愛の色

悪意に対して悪意を返せば、
相手の悪意に染められてしまいます。
心の色をにごらせないために、
悪意はさっと受け流すのが一番。
喜びや感謝、
やさしさやぬくもりで心を満たし、
心を美しい愛の色に
染めることができますように。

手を離す勇気

「これがなければ生きられない」
と思ってしがみついていたけれど、
手を離してみたら案外なんとかなった。
そんなことがときどきあります。
それは、自分でも気づかない間に
自分が成長していたということ。
思いきって手を離す勇気を持てますように。

6月16日

6月17日

愛に動かされて

話すなら、自分のためではなく
相手のために話す。
歌うなら、自分のためではなく
相手のために歌う。
演じるなら、自分のためではなく
相手のために演じる。
何事も、虚栄心や利己心ではなく、
愛に動かされてすることができますように。

名脇役

自分の人生の中では自分が主役ですが、
相手の人生の中では相手が主役。
相手の人生の中でまで
自分が主役になろうとすれば、
ドラマは台無しになってしまいます。
お互いが、お互いの人生の中で、
相手を輝かせる
名脇役になることができますように。

6月18日

歳をとる

生きるとは、
つまり歳をとるということ。
歳をとるのを悲しむなら、
それは自分が生きているのを
悲しむのと同じ。
しわも白髪も、これまで自分が
精いっぱい生きてきた証《あかし》だと思えば、
それなりに愛しく、
また誇らしく思うことができるでしょう。

6月19日

天国の入り口

じっと花を眺めているとき、
わたしたちの心は時間を忘れ、
色彩や形状が作り出す
美の世界に吸い込まれてゆきます。
一つ一つの花は、
地上に開いた天国への入り口。
気づいた人は誰でも、
そこから入って
天国を味わうことができるのです。

6月20日

6月21日

これでいい

どんなに欲張っても、
すべてを手に入れることはできません。
大切なのは、
「わたしの人生はこれでいい」
と思える何かを見つけ出し、
それを最後まで守り抜くこと。
誰がなんと言おうと、
自分が心から納得できる人生なら、
それが幸せな人生なのです。

時間をかける

心豊かに生きるための一つの方法は、
生活に贅沢を取り入れること。
お金をかける必要はありません。
いつものお茶でも、香りを確かめ、
ゆっくり味わいながら飲んでみましょう。
お金ではなく、
時間をかけることで
生まれる贅沢もあるのです。

6月22日

6月23日

自分の心も

どんな理由があっても、
相手の命を奪うなら、
心に深い傷を負うでしょう。
誰かを殺して目的を成し遂げたとしても、
それによって自分の心が死んでしまえば、
一体何の意味があるでしょう。
この地上から、
すべての戦いがなくなりますように。

明日はやってくる

泣きたいときに、
無理に笑顔をつくる必要はありません。
泣きたいだけ泣き、
弱音を吐きたいだけ吐き、
不平不満を言いつくし、
それでもまだ自分が生きていること、
明日は必ずやってくることに気づいたなら、
そのとき自然に笑顔が戻るでしょう。

6月24日

なんとかなる

いつもわたしたちを追いつめるのは、
自分が作った
「こうでなければ駄目だ」という思い込み。
しかし、その通りできなくても、
生きてさえいれば
なんとかなるのがわたしたちの人生。
自分にできる限りのことをし、
後は天にまかせるのがよいでしょう。

6月25日

隠された恵み

神さまの恵みは、日々の生活の
ちょっとしたことの中に
隠されています。
だから、振り返ってよく思い出さないと、
どれほどたくさんの恵みを受けているか
分からないのです。
一日の恵みを振り返り、
感謝するための時間を持ちましょう。

6月26日

相手の幸せ

一緒にいたいけれど、
一緒にいれば
相手が幸せになれないと思うなら、
離れることも一つの愛の形。
誰かを愛するとは、
自分の幸せより相手の幸せを先に考えること。
相手の幸せこそ自分の幸せと感じられるほど、
相手を大切に思うということなのです。

6月27日

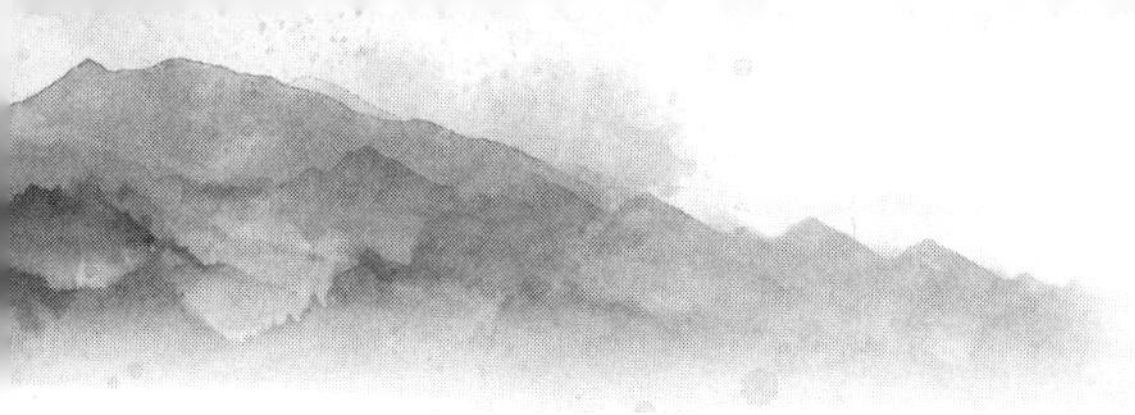

体と相談

体を置いて、心だけで
遠くへ行くことはできません。
体の声を無視し、
無理やり心に従わせるなら、
やがて体は動かなくなるでしょう。
今日はどこまで行けるのか、
それとも、今日は休むべきなのか、
自分の体とよく相談しながら決めましょう。

6月28日

互いに喜びあう

わたしたちが見ているのは、
相手の人生のほんの一部分。
相手が見せる一番よいところだけを見て、
うらやましがっても仕方がありません。
むしろ、つらいことが多い
人生の中に起こった
ささやかなよいことを、
互いに喜びあって生きてゆけますように。

6月29日

自分も傷つく

自分が傷つけられたから、
相手を傷つけてもよい、
悪口を言われたから、
悪口を言ってもよい
ということにはなりません。
人を傷つければ、
自分の心にも傷がつくし、
悪口を言って人の価値を下げれば、
自分自身の価値も下がるのです。

6月30日

7

月

7月1日

よい天気

晴れた日ばかりで雨が降らなければ、
植物は育たず、飲み水もなくなります。
晴れがよい天気で、
雨が悪い天気とは限らないのです。
人生もそれと同じ。
涙がしみ込んだ心にこそ、
幸せが深く根を張り、
大きく育って豊かな実りをもたらすのです。

時間が必要

人生の意味や相手の気持ちなど、
どれほど考えても分からないときは、
しばらく問うのをやめ、
ただ生きることに専念しましょう。
ある種の問いは、
成長することでしか
答えを見つけられませんが、
わたしたちが成長するには、
どうしても時間が必要なのです。

7月2日

7月3日

問い続ける

人生の多くの問題は、
すぐに答えが出るものではありません。
あせってすぐに答えを出すのは、
むしろ危険とさえ言えます。
問い続け、
考え続けることこそが正解と思えば、
答えの出ない現実と
うまくつきあってゆけるでしょう。

奇跡に気づく

「何もない一日」などありません。
いつものように花が咲き、
鳥が歌っていること。
食べる物があり、住む場所があること。
その一つ一つが奇跡のような出来事であり、
何事もなく生きられたことこそ、
何よりも感謝すべき恵みなのです。

7月4日

7月5日

決めつけない

「この人はこういう人だ」と決めつければ、
その瞬間から
相手の本当の姿が見えなくなります。
人間は、常に変化してゆく存在であり、
他人に見えない
心の深みを持った存在だからです。
いつも、謙虚な心で
相手と向かいあうことができますように。

思いやりの第一歩

相手の気持ちを思いやるための前提として、
相手がどんな価値観の中で
生きているのかを考えてみましょう。
相手がどんな環境で育ってきたのか、
何を一番大切にし、
何を一番嫌っているのか、
それを理解することが思いやりの第一歩です。

7月6日

7月7日

世界のために

「わたし一人が我慢しても、
環境破壊は止まらない。
もう我慢するのはやめよう」
そう考えるたびに、
わたしたちと世界の絆が壊れてゆきます。
「愛するこの世界のため、
わずかでも自分にできることをしよう」
そう考えることができますように。

本当の友だち

何か大きな失敗をしたとき、
わたしたちは、
そのために離れてゆく人が
いることに気づくと同時に、
それにもかかわらず
自分を支え続けてくれる人が
いることにも気づきます。
失敗の中でこそ、
わたしたちは本当の友だちと出会うのです。

7月8日

7月9日

たとえ短い時間でも

病気や事故で
早く亡くなったからといって、
かわいそうな人、
不幸な人とは限りません。
短い時間であっても、
精いっぱいに生きたその人の人生には、
確かに意味があったのです。
一緒に過ごせた日々を感謝し、
心に深く刻むことができますように。

感動する心

星たちが生まれて存在することも、
わたしたちが生まれてここにいることも、
不思議といえば
同じくらい不思議なこと。
わたしたちがいまここにいる、
その神秘に感動する心さえ忘れなければ、
ワクワクした楽しい気持ちで、
毎日を生きられるでしょう。

7月10日

7月11日

命のリレー

命は一つの壮大なリレー。
バトンを受け取ったら、
自分なりに精いっぱい最後まで駆け抜け、
次の人にバトンを渡して去る。
そして、今度は天国から、
いまバトンを持って駆けている人を
全力で応援するのです。
命のリレーに終わりはありません。

神さまの声

本当に神さまの声を聞いたなら、
その人の心は
喜びとやすらぎで満たされます。
不安や恐れしかもたらさない声は、
自分の心の中にある
迷いが声を上げたもの。
そんな声が聞こえたとしても、
気にする必要はありません。

7月12日

起こったことの意味

失敗して落ち込むだけなら、
それはただの失敗にすぎません。
失敗から学んで立ち上がるなら、
その失敗は
自分の成長の一部になるでしょう。
起こったことは変えられなくても、
起こったことの意味は、
これからの生き方しだいで変えられるのです。

7月13日

永遠の若さ

たとえ体は衰えても、
心に愛の火が燃えている限り、
その人はいつまでも若さを失いません。
目は喜びに輝き、
口からは明るい言葉があふれ、
自分よりも周りの人たちをいたわって、
いつまでも幸せに
暮らすことができるのです。

7月14日

心の中に

幸せは、いつか遠くから
やって来るものではありません。
幸せは、今日一日を振り返り、
楽しかったことやうれしかったことを
思い出して感謝するとき、
心の中から静かに湧き上がってくるもの。
幸せはもう、
わたしたちの心の中にあるのです。

7月15日

自分の感受性

みんなはうれしそうに
やっているけれど、
わたしは、それをしても
まったくうれしくない。
そんなとき、
無理に合わせる必要はありません。
信じるべきは自分の感受性。
自分の感受性が指し示す先にこそ、
自分の幸せがあるのです。

7月16日

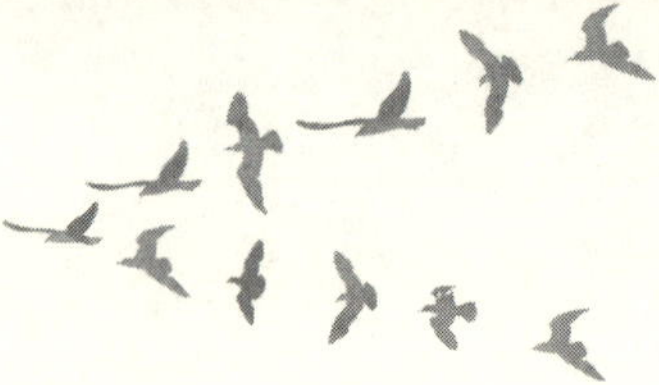

7月17日

千年後の世界

「一年後の世界はどうなっているんだろう」

と思うと不安になりますが、

「千年後の世界はどうなっているんだろう」

と思うと、

「先のことを心配しても仕方がない。

いまを精いっぱい生きよう」

と思えるでしょう。

わたしたちにあるのは、いまだけなのです。

まったく新しいもの

先が見えないことを、
心配する必要はありません。
まったく新しいものが生まれるとき、
先は誰にも見えないのです。
心配するより、むしろ
「これから何が起こるんだろう」
と楽しみにして待ちながら、
いま自分にできることをしましょう。

7月18日

本当にやりたいこと

どんなに世間から評価されても、
本当にやりたいことをしなければ
悔いが残るでしょう。
本当にやりたいことを選んだなら、
世間に評価されなくても
悔いは残りません。
他人に納得してもらえる人生ではなく、
自分が納得できる人生を選べますように。

7月19日

痛みとつきあう

体の痛みや心の痛みを感じているときは、
その痛みに耐えるのに精いっぱいで、
他の人を気遣う余裕がなくなります。
痛みを感じているときに、
人と会わなければならないなら
そのときは、いつもより
言葉遣いや態度に
気をつけるのがよいでしょう。

7月20日

7月21日

ほめ上手

よくないところは目立つので、
よくないところを見つけて、
相手を叱るのは簡単なこと。
ですが、相手のよいところは、
じっくり観察しなければ
見つけることができません。
ほめるのが上手な人とは、
相手をよく見ている人のことなのです。

ゴミを拾う

落ちているゴミを拾えば、
公園も自分の心もきれいになります。
落ちていることに気づきながら、
無視して通り過ぎれば、
公園にも自分の心にも
そのゴミが残り続けるでしょう。
ゴミを拾うとは、そういうことなのです。

7月22日

7月23日

自分を差し出す

思いきって話しても、
相手が受け入れてくれるとは限りません。
話すとは、批判を覚悟の上で、
自分を相手に差し出すということ。
そこから始めて相手と対話し、
考えを深めてゆくということ。
成長のための、
一歩を踏み出すということなのです。

どこに向かうのか

誰かと自分を比較し、
うらやましがっているだけでは、
どこへもたどり着きません。
大切なのは、自分自身が
いまどこに向かっているのか、
どこまで来ているのかを見つめ直し、
次の一歩をどう踏み出すべきかを
しっかり考えることなのです。

7月24日

7月25日

一人の人間

入院すると、
世間での地位や肩書は関係なくなり、
誰もが病気と向かいあう
一人の人間になります。
そうなったときに、
自分は誰だというのか。
周りの人に対してどんな態度をとるのか。
いまから考えておくのも、
決して無駄ではないでしょう。

生き続ける

死んだら自分がいなくなるというのは、
簡単に受け入れられないこと。
もっと受け入れられないのは、
愛する誰かが、
死んだらもうどこにもいないということ。
そんなことはありえません。
わたしたちは、
愛の中で永遠に生き続けるのです。

7月26日

7月27日

生活を守る

義務から解放されたからといって
何もしなくなれば、
生活そのものが壊れてしまうでしょう。
部屋の掃除や買い物、料理、散歩の習慣、
近所の人たちとのちょっとした会話、
そうしたものの一つ一つが生活を作り、
人生を作ってゆくのです。

欲望と愛

欲望は急いで結果を求めますが、
愛はいつまでも待ちます。
欲望はいっときしか満たされませんが、
愛はわたしたちの心を
いつまでも満たします。
欲望はわたしたちの心に
いらだちや不満をもたらし、
愛はわたしたちの心に
やすらぎと感謝をもたらすのです。

7月28日

7月29日

等身大の自分

自分を大きく見せようとして
背伸びをするのをやめたとき、
人と自分を比べて
卑屈になるのをやめたとき、
等身大の自分を
あるがままに生きられるようになったとき、
わたしたちの命は最も美しく輝きます。
肩の力を抜き、自然体で生きられますように。

分かちあってこそ

誰もが、その人だけのよさを持った
かけがえのない存在。
ですがそのよさは、
独り占めにするためではなく、
みんなと分かちあうためのもの。
自分のよさに気づき、
それを誰かのために生かすとき、
わたしたちは自分の人生の
意味や価値を実感するのです。

7月30日

7月31日

笑顔のメッセージ

心からの笑顔は、
「あなたといると
うれしくて仕方がない。
あなたに会えて本当によかった」
というメッセージ。
「あなたを愛している」と、
何回も言う必要はありません。
湧き上がる喜びを素直に表現し、
にっこりほほ笑みかければよいのです。

8
月

8月1日

自分を知る

文章を読んでいて
「何か心に響くな」と思う箇所があったら、
その箇所と向かいあい、
「何か」が何なのか、
心のどこに響いたのかを確かめてみましょう。
そうすることで、
わたしたちは自分の心を深く知り、
自分を知ることができるのです。

8月2日

力が戻れば

心が疲れているときには、
何を考えても
ネガティブな結論になってしまいがち。
心に力が戻って来れば、
きっと前向きな答えが見つかるでしょう。
すぐに結論を出さず、
ゆっくり休んで
心に力が戻るのを待ちましょう。

8月3日

立ち止まる

前に進むことだけが、
生きることではありません。
立ち止まって、いま自分が
どこに立っているのか考えてみること、
自分と周りの人たちとの関わりを
確かめることも、
生きるためには大切なこと。
いまこのときを、
精いっぱい生きられますように。

まだできること

もうできなくなったことに執着し、
思い出して嘆いてばかりいれば、
まだできるはずのことさえ
できなくなってしまいます。
まだできることに目を向け、
工夫と努力を積み重ねてゆけば、
きっとそこから
新しい未来が生まれるでしょう。

8月4日

8月5日

心に刻まれた愛

そのとき何を食べたか、
どの道を一緒に歩いたか、
細かいことは忘れても、
「あの人と過ごせて本当に楽しかった」
ということは決して忘れません。
頭に刻まれた記憶は消え去っても、
心に深く刻まれた愛は、
いつまでも消えることがないのです。

平和の誓い

胸が張り裂けるほどの悲しみを味わい、
戦争の愚かさ、無意味さを
骨身にしみて知った人々が、
「こんなことを
二度と繰り返してはならない」
という思いを込めて立てた平和の誓い。
彼らの思いを大切に引き継ぎ、
守ってゆくことができますように。

8月6日

8月7日

納得できる答え

正しい答えは、どんなに考えても
見つからないかもしれません。
しかし、みんなが納得できる答えなら、
よく話しあえばきっと見つかるはず。
正しいか、間違っているかを議論するより、
みんなが納得できるまで、
じっくり話しあいましょう。

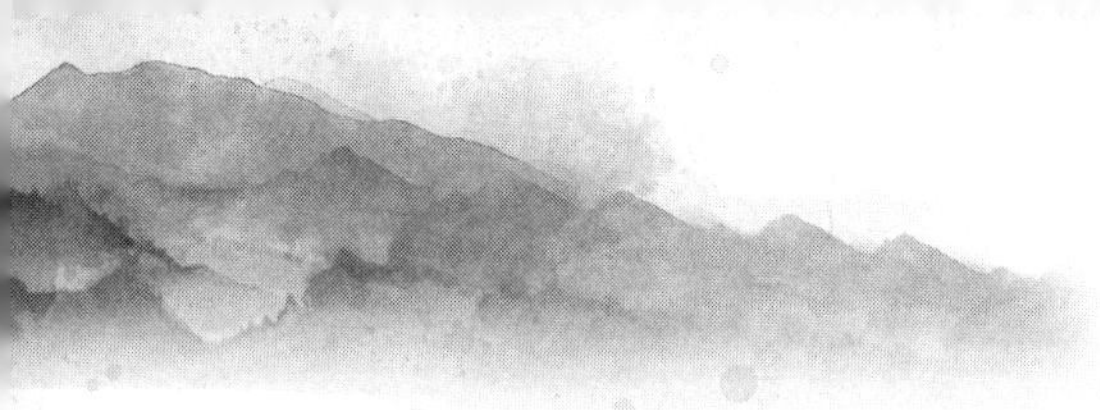

心の革命

古い体制が倒され、
抑圧されていた人たちが
解放されることを革命と呼びます。
思い上がった古い自分を打ち倒し、
押さえつけていた
やさしい気持ちを解放するなら、
それも一つの革命。
自分の心に、
革命を起こすことができますように。

8月8日

8月9日

戦争の現実

平和に暮らしていた人たちが、
突然、住む場所を奪われる。
無抵抗の人が殺され、
幸せな家族が引き裂かれる。
その現実を直視すれば、
どんな大義名分も、
それを正当化できないと気づくでしょう。
戦争の現実が、
すべての人に知られますように。

身近なところから

「世界の平和のために何もできない」
と無力さを感じたなら、
身近なところに
平和を作ることから始めましょう。
意見の違う相手の話に耳を傾け、
みんなが幸せに暮らすには
どうしたらよいかと忍耐強く考える。
世界の平和は、そこから始まります。

8月10日

8月11日

やり方を変える

「これまでと
同じやり方で頑張っていれば、
いつかまた必ずいい日が来る」
という考え方には、
一つの大きな盲点があります。
それは、この世界が、
日々変化しているということです。
時代に合わせて、わたしたちも
やり方を変える必要があるのです。

生きるべき人生

他人の人生に気をとられて、
ねたんだり、あせったりしていると、
自分の人生に集中できません。
自分が生きるべきなのは、
ただ自分の人生だけ。
いまの自分にできること、
いまの自分がすべきことを、
見逃すことがありませんように。

8月12日

8月13日

一日を受け止める

うまくいったことや
ほめられたことは忘れやすく、
失敗したことやけなされたことは
よく覚えているわたしたち。
その日を正しく受け止めるために、
一日の終わりに、
うまくいったことやほめられたことを
思い出すための時間をとりましょう。

8月14日

当たり前を貫く

一度、戦争が始まると、
「逃げまどう親子や高齢者の上に
爆弾を落としてはならない。
無抵抗の人を殺してはならない」
という当たり前のことさえ、
口にするのが難しくなります。
当たり前のことを、
当たり前に言う
勇気を持ち続けられますように。

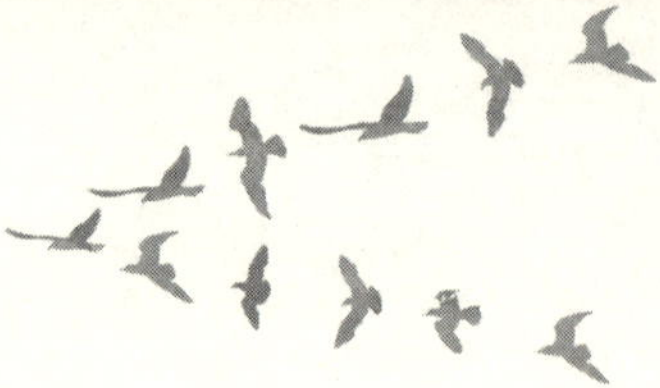

8月15日

狂気の沙汰

あたたかい血の通った人間に、
「敵だから」という理由だけで
銃弾を撃ち込む。
そんなことは、
とても正気ではできないでしょう。
戦争は、どんな場合でも狂気の沙汰。
正気を取り戻し、
相手も同じ人間だと気づいて
銃を置くことができますように。

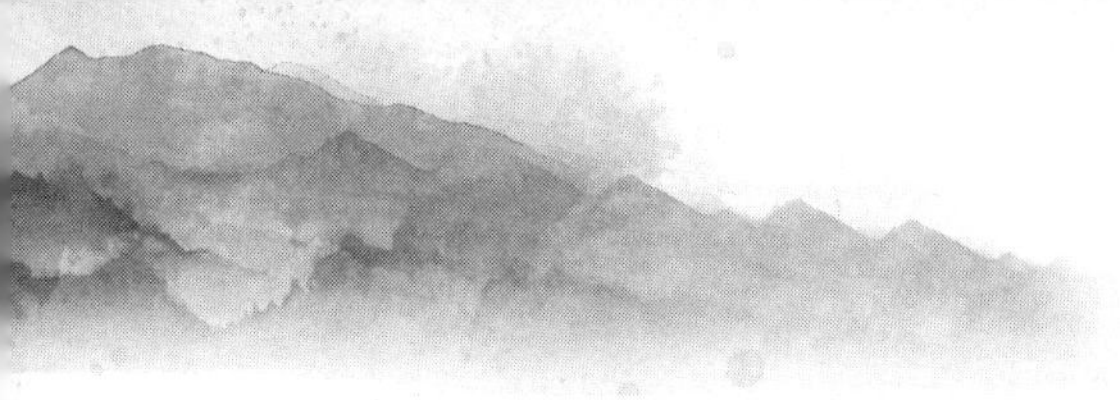

このために生まれた

「あなたは誰か」と問われたとき、
肩書や財産などを答えても、
それは自分が持っているものであって、
自分自身ではありません。
「他人がどう言おうと、
わたしはこれに喜びを感じる。
このために生まれてきた人間だ」
と言えるものを見つけられますように。

8月16日

8月17日

心を旅する

どこにも出かけられないときは、
自分の心を旅しましょう。
わたしたちの心には、
これまでに訪ねた場所、
そこで出会った人たちの
思い出が蓄えられています。
写真や日記の助けを借りてもよいでしょう。
必要なのは、
ただ思い出すことだけなのです。

足元の無限

無限というと
広大な空間を思い浮かべますが、
森に入って足元をよく見れば、
そこに、数え切れないほど
たくさんの生き物がおり、
数え切れないほどたくさんの
美しさがあるのに気づくでしょう。
よく見れば、わたしたちの足元にも
無限の世界があるのです。

8月18日

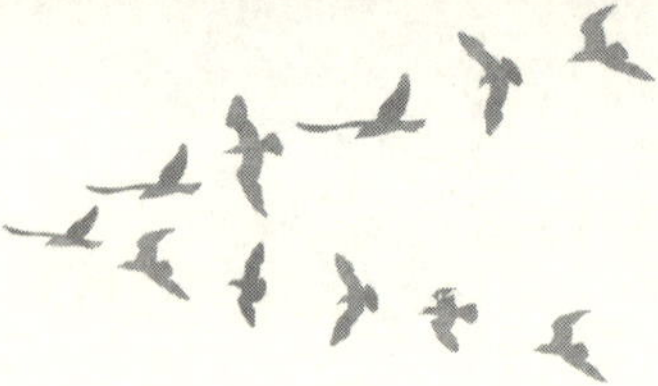

8月19日

信用とは

誰かの悪口を言えば、聞いた相手は、
「この人は、
きっとわたしの悪口も言うだろう」
と思うでしょう。
誰かの失敗を弁護するなら、
「この人は、きっとわたしが
失敗したときも守ってくれるだろう」
と思うでしょう。
信用は、そのようにして生まれるのです。

死んでも生きる

死について体験から言えるのは、
死んだ人が残してくれた愛は、
わたしたちの中で
いつまでも生き続けるということ。
自分の使命を果たし抜いた人の生涯は、
道しるべとなって
わたしたちの人生を導き続けるということ。
死んでも生きるということは、
確かにあるのです。

8月20日

助けあって生きる

自分の力で生きるとは、
誰の助けも借りずに
生きるということではありません。
誰からも助けてもらわずに、
生きられる人などいないのです。
わたしたちは、誰かから助けられ、
誰かを助けることによって、
初めて自分の力を発揮できるのです。

8月21日

愛の奇跡

愛するとは、
「あなたに弱さがあるのは知っている。
でも、わたしは
そんなあなたを愛している」ということ。
愛されるとは、
「弱さを抱えたわたしを、
まるごと愛してくれる人がいる」ということ。
愛とは、不完全な人間同士を、
一つに結ぶ奇跡なのです。

8月22日

8月23日

人生というマラソン

人生は、それぞれ違う場所から出発し、
違うゴールに向かって走る
マラソンのようなもの。
競争にはなりえません。
途中で出会う人たちと
互いにエールを交わしあいながら、
自分のゴールに向かって、
自分のペースで進んでゆけばよいのです。

流してしまう

いまこの瞬間に集中し、
いまを夢中で生きているうちに、
どんなに嫌な思い出も、
いつの間にか遠くへ流れ去ってゆきます。
いつまでも
しがみついている必要はありません。
嫌な思い出は、時間の流れに乗せて、
遠くに流してしまいましょう。

8月24日

道を作る

先のことが不安で仕方がないときは、
気持ちを切り替え、
自分の目の前にあることだけを
見るようにしましょう。
いまできること、いますべきことを
一つ一つやり遂げてゆけば、
道は必ず開けます。
道がないなら、自分で道を作ればよいのです。

8月25日

すべてに感謝

誕生日に何よりすべきなのは、
生んでくれた親に感謝し、
ここまで自分を
支えてくれた人たちに感謝し、
与えられたすべての恵みに感謝すること。
感謝をしっかり心に刻み、
これからも自分の使命を精いっぱい
果たしてゆくことができますように。

8月26日

忍耐強い愛

世界を変えるために必要なのは、
自分の限界を素直に認め、
謙虚な心で
相手の意見に耳を傾けること。
納得がゆくまで話しあい、
すべての人が幸せになれる道を探すこと。
暴力は何も生み出しません。
忍耐強い愛だけが、
新しい世界を作るのです。

8月27日

数と関係なく

「一人しかお客が来てくれなかった」
と考えると、目の前の相手に集中できず、
せっかくの出会いが無駄になります。
「一人でも来てくれてよかった」
と考え、目の前の相手に集中すれば、
相手の数と関係なく
いつでも最高の感動が生まれるのです。

8月28日

8月29日

謙遜とは

ある神父さんは、
目の前で自分を批判する人がいると、
「おもしろいこと言ってくれるね。
どうしてそう思ったの」
とにっこり相手に話しかけます。
自分を批判する相手にさえ感謝し、
興味を持って話しかける。
それが謙遜というものでしょう。

自分の中に

誰かの言葉を聞いて
「これこそ真理だ」と思ったなら、
それは自分の心の中に
初めからその真理があったから。
誰かの言葉に照らされることで、
心の奥深くに隠れていた真理が輝き始める。
その瞬間にわたしたちは
「これこそ真理だ」と思うのです。

8月30日

8月31日

すべては変わる

楽しいことも過ぎ去りますが、
苦しいことも過ぎ去ります。
楽しいことが過ぎ去るのを
惜しんで引き留めようとするなら、
それは苦しいことも一緒に残るということ。
過ぎ去るからこそすべては変わり、
世界は新しくなってゆくのです。

9

月

9月1日

自分を信じる

「わたしなんかもうだめだ」と決めつけ、
自分で自分を見捨てることは、
自分に対する大きな裏切り。
たとえすべての人に見捨てられたとしても、
自分だけは最後まで自分を信じ、
自分に寄り添い続けましょう。
最後まで自分を愛せますように。

恵まれている

住む所があるのは当たり前。
食べ物があるのは当たり前。
友だちがいるのも当たり前。
そうやって当たり前と思えるのは、
その人がとても恵まれているということ。
「当たり前」の一つ一つに感謝すれば、
幸せをかみしめることができるでしょう。

9月2日

9月3日

よい言葉

汚い言葉、
相手を傷つけるような言葉を使うたびに、
わたしたちの心もダメージを受けます。
やさしい言葉、
いたわりに満ちた言葉を使えば、
わたしたちの心も愛で満たされてゆきます。
お互いの幸せのために、
よい言葉を選んで使うことができますように。

心のにごり

泥でにごった水も、
しばらく静かにしていれば、
泥が沈んで清らかさを取り戻します。
人間の心もそれと同じ。
感情にかき乱されてにごった心も、
しばらく静かにしていれば、
元の清らかさを取り戻すのです。
深呼吸して、
心を静めるのがよいでしょう。

9月4日

9月5日

真の謙遜

傲慢とは、自分を上に置いて
相手を見下すこと。
卑屈とは、自分を下に置いて
相手をねたむこと。
謙遜とは、相手も自分も同じ高さに置き、
自分自身を敬うのと同じように
相手を敬うこと。
互いのよさを認めあい、
真の謙遜を身につけられますように。

うまくよける

どんなに体を鍛えても、
刃物をはじくほど強くはなれません。
心もそれと同じ。
どんなに強くなっても、
ナイフのように鋭い言葉を投げられれば、
傷は必ず残るのです。
心を鍛えるより、むしろ、
飛んできた言葉を
うまくよけるすべを身につけましょう。

9月6日

9月7日

むなしさが残る

誰かの悪口は、
言っているとき気持ちよくても、
言い終えたあと心にむなしさが残ります。
自分のことを棚に上げて
誰かを悪者にするより、
自分のことを振り返り、
自分自身が
よい人間になることを考える方が、
心のためにはよいのです。

見方による

目先のことを見ると自分の方が正しくても、
長い目で見れば相手の方が正しい。
ある角度から見ると自分の方が正しくても、
別の角度から見れば
相手の方が正しいということがよくあります。
自分だけが正しいということは、
あまり多くないのです。

9月8日

9月9日

特別になる

誰かを愛すると、
この世界はその人が住んでいる特別な世界、
その人と会える今日は特別な日、
その人のもとに続く道は特別な道になります。
すべてが平凡で無意味に思えたなら、
それは愛が弱くなったしるし。
愛する心を取り戻すことができますように。

ペースを落とす

心配なことがあるときは、
何をしても気持ちが引きずられ、
いつもの力を出せません。
無理にやろうとすれば、
うまくゆかず、心はますます乱れるばかり。
そんなときは、
思いきってペースを落とし、
心が落ち着くまで待つのがよいでしょう。

9月10日

目隠しを外す

「あの人は憎むべき敵だ」と思い込むと、
その人が一人の母親の子どもであり、
わたしたちと同じように、
自分の置かれた状況の中で
精いっぱいに生きている
一人の人間であることが見えなくなります。
思い込みの目隠しを、
外すことができますように。

9月11日

平和を実現する

人からよいことをしてもらったら、
自分も他の人に同じようにする。
人から嫌なことをされたら、
自分は他の人に決して同じことをしない。
善は人と分かちあい、
悪は自分で食い止める。
この原則を実践する人こそ、
世界に平和を実現する人です。

9月12日

9月13日

成長を助ける

「あんなにしてあげたのに、
裏切られた。なんて恩知らずな」
と考えるより、
「あの人は、もうわたしの助けが
必要ないくらい成長した。
役に立ててよかった」
と考えましょう。
大切な人の成長を助けることは、
そのこと自体が大きな喜びなのです。

感謝の瞬間

自分の死を目前にしたとき、
初めて命の尊さ、
大切さを実感するわたしたち。
そのとき以上に、
命を与えられたことを
感謝できる瞬間はないでしょう。
死への恐怖ではなく、
生きられたことへの感謝の中で、
喜んでこの世を去ることができますように。

9月14日

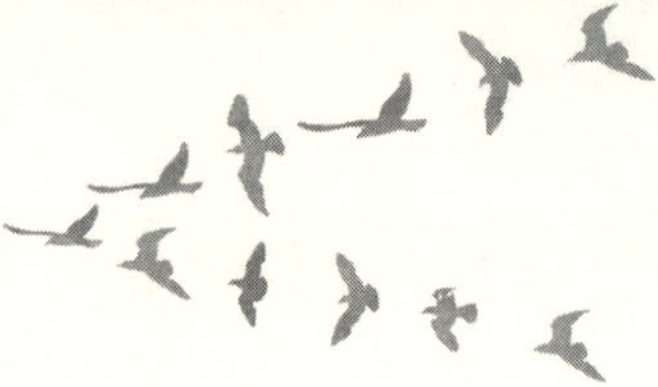

9月15日

いてくれるだけで

長い年月を生き抜いた老木は、
そこに立っているだけで人々の心を癒し、
人々の心のよりどころになります。
人間もそれと同じ。
穏やかに歳を重ねた高齢者は、
そこにいてくれるだけで
わたしたちの心を癒し、
わたしたちの心の
よりどころになってくれるのです。

初めての体験

歳をとるということは、
誰にとっても初めての体験。
たとえば七十歳になるときに、
「前にも七十歳になったことがあるから
よく知っている」と言える人は誰もいません。
日々、目の前に広がってゆく新しい世界を、
楽しむことができますように。

9月16日

9月17日

感謝で終える

何があっても
最後を感謝で終えられるなら、
その日は幸せな一日。
何があっても、
最後を感謝で終えられるなら、
その人生は幸せな人生。
「今日も生きられた」だけで構いません。
一日を振り返り、
感謝してから寝る習慣をつけましょう。

自分をゆるす

「どうしてもっと
うまくできなかったのか」
という後悔の背後には、
「もっとうまくできたはず」という
思い込みが隠れています。
「あのときの自分には
あれが精いっぱいだった」
と潔く認め、過去の自分をゆるして
前に進むことができますように。

9月18日

幸せの近く

嫌なことが続き、
自分への評価が下がっているときは、
ほんの少し誰かを
喜ばせることができただけで、
「こんなわたしでも、
誰かを喜ばせることができるんだ」
と思って幸せになれます。
苦しいときにこそ、
わたしたちは幸せのすぐ近くにいるのです。

9月19日

希望で満たす

バケツを新しい水で満たすには、
まず中の古い水を捨て、
汚れを洗い流す必要があります。
人間の心もそれと同じ。
心にたまった思い込みや執着を手放し、
こびりついた悪意を洗い流したとき、
わたしたちの心は
新しい希望に満たされるのです。

9月20日

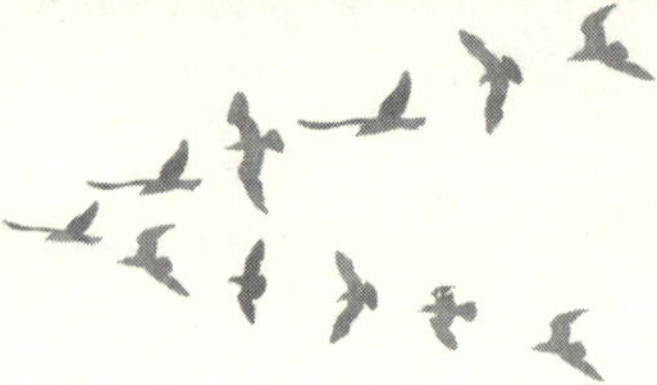

頭を冷やす

カッと頭に血がのぼると、
小さな問題が何十倍にも膨れあがり、
絶対ゆるせない
大問題のように思えてきます。
深呼吸して頭を冷やせば、
数分で元の大きさに戻るでしょう。
ひどい言葉で相手を傷つけてしまう前に、
しっかり頭を冷やしましょう。

9月21日

9月22日

恵みに変わる

失敗した体験を振り返り、
自分なりに考えて気づいた
失敗の理由をみんなと分かちあう。
そのような反省会に出ることは、
どんな本を読むより勉強になります。
失敗の体験は、
謙虚な心で分かちあうことによって
豊かな恵みに変わるのです。

9月23日

行けるところまで

先のことを心配しても仕方がありません。
もし道が行き止まりになるなら、
行き止まりになったところで
別の道を探すまでのこと。
行けるところまで
行ってから考えればよいのです。
そこにはきっと、
また別の素晴らしい道が待っているでしょう。

体に感謝

体に痛みを感じたとき、
わたしたちは初めて、
体がいつも自分の思った通りに
動くわけではないことに気づきます。
体のどこかに痛みを感じたら、
その部分がいつも
よく働いてくれることに感謝し、
しっかりいたわってあげましょう。

9月24日

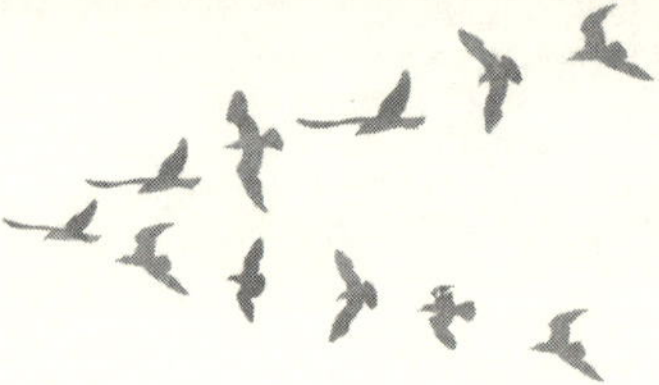

本当にしたいこと

「した方がよいこと」
はたくさんありますが、
すべてやろうと思えば体力がもちません。
大切なのは、「した方がよいこと」の中から、
「本当にしたいこと」を
体力と相談しながら選び出すこと。
たとえわずかでも、
納得できるものを選ぶことができますように。

9月25日

揺るがない自分

自分らしく生きるとは、
相手が誰であっても、
決して態度を変えないということ。
人が見ていても見ていなくても、
自分が正しいと思う道を
まっすぐに進むということ。
どんな状況に置かれても、
本当の自分を見失わないということです。

9月26日

9月27日

塗り替える力

どんな試練も、
誰かと一緒に乗り越えるなら、
幸せな思い出に変わります。
愛には、不幸さえ幸せに
塗り替える力があるのです。
一人ぼっちで苦しまず、
誰かに助けを求められますように。
苦しんでいる誰かに、
助けの手を差し伸べられますように。

間違ったとき

間違わない人など誰もいません。
人によって違いがあるとすれば、
それは、
間違いを素直に認められるかどうか。
迷惑をかけた相手に、
きちんと謝ることができるかどうか。
間違いから学んで、
成長することができるかどうかです。

9月28日

感謝の祈り

死ななければならないことを悲しむより、
生まれてこられたことを
感謝できますように。
別れなければならないことを嘆くより、
出会えたことを
感謝できますように。
すべては恵みであることを、
いつも忘れずにいられますように。

9月29日

だめではない

「自分はなぜ
こんなにだめな人間なんだろう」
と嘆くのは、
もっとよい人間でありたいと
強く望んでいる人だけ。
自分の弱さを素直に認め、
成長したいと願っている人が、
だめな人間であるはずがありません。
自信をもって前に進みましょう。

9月30日

10月

10月1日

作り続ける

真心を込めて作ったものを
誰かに否定されても、
作るのをやめる必要はありません。
喜んでくれる人がいるなら、
その人のために作り続ければよいのです。
誰も喜んでくれなくても、
作らずにいられないなら、
自分のために作り続ければよいのです。

自分を育てる

木は、地面から栄養を吸収し、
太陽の光を浴びることで成長し、
実をつけます。
人間もそれと同じ。
実をつけたいなら、
まずはさまざまな知識を吸収し、
優れた先輩や仲間たちの模範に学んで、
自分を育てることから始めましょう。

10月2日

10月3日

さまざまな疲れ

心は疲れているけれど、
体は元気な場合。
体は疲れているけれど、
心は元気な場合。
心も体も疲れているけれど、
本人はまだ大丈夫と思っている場合。
疲れといっても、
さまざまな疲れがあります。
きちんと見分けて対処できますように。

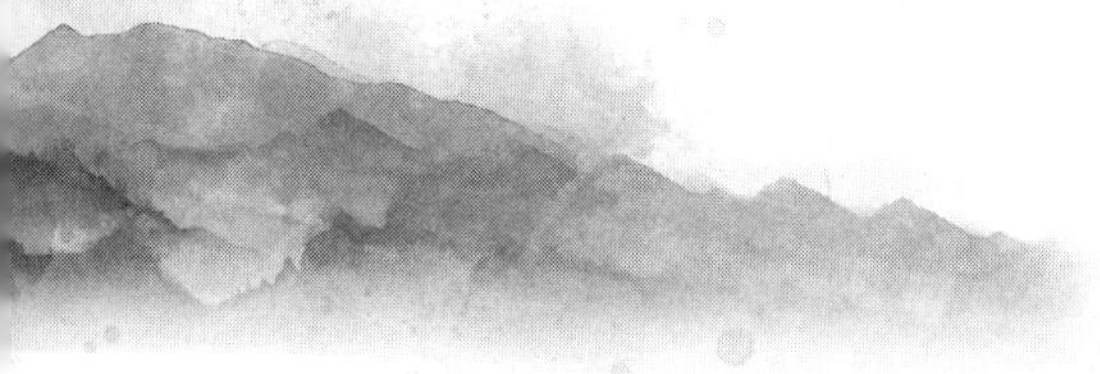

疲れのしるし

本当に疲れているときには、
自分がいま、疲れているのかどうかさえ
よく分からなくなってきます。
判断力が鈍り、ちょっとしたことでも
腹が立つようになってきたら、
それはかなり疲れているしるし。
迷わず休むのがよいでしょう。

10月4日

10月5日

二度と戻らない

風景の美しさに感動するのは、
その風景を見られるのは、
いまこの時しかないと分かっているから。
人生についても同じことが言えるでしょう。
人生の美しさに感動できるのは、
いまこの時は二度と戻らないと、
よく分かっているからなのです。

よく聞くために

人間は、言葉よりも、
表情やしぐさで
より多くのことを語るもの。
相手の言葉を聞く前に、
まずは相手をよく見ましょう。
よく見る人は、
ただ聞くだけの人より
何倍も多くのことを
聞き取ることができるのです。

10月6日

10月7日

みんなのため

クラス対抗リレーを走り終えた子が、
「みんなのためにがんばった」
と言っていました。
みんなのためなら、
自分だけのために頑張るより力が出る。
それは、これからの人生の
すべてに当てはまること。
いつまでも覚えていられますように。

ともかく始める

何もしないで放っておくと
「できなかったらどうしよう」
という不安が生まれ、やがて不安が膨らんで
「自分にはできない」と思うようになります。
不安に押しつぶされる前に、
ともかく手をつけましょう。
始めさえすれば、
あとはなんとかなるものです。

10月8日

小さな目標

長距離を走るとき、

「あと半分、あと何周」

と大きく考えるより、

「次のあの信号、あの橋まで」

と小さな目標を
目指した方がよいと教わりました。

人生も長距離走のようなもの。

日々の小さな目標を目指して進み、
行けるところまで行きましょう。

10月9日

走り抜く

他人に勝つ必要はありません。
自分だけに与えられた道を、
くじけずに最後まで
走り抜くことができれば、
誰もが自分の人生の勝者になれるのです。
自分だけの道を、脇目もふらず、
最後まで走り抜くことができますように。

10月10日

10月11日

悔いなく生きる

もし自分が間もなく死ぬと分かれば、
人と競争することなど
考えなくなるでしょう。
大切なのは、
人と競争して勝つことではなく、
自分の人生に悔いを残さないこと。
自分の人生を、最後の瞬間まで、
自分らしく精いっぱい生きることなのです。

十分に幸せ

幸せのハードルを、
つい高くしすぎてしまうわたしたち。
たとえ何もできなくても、
人から評価されなくても、
こうして生きているというだけで
十分に幸せ。
生きてさえいれば、
あとのことはどうにでもなる。
そのことを忘れずにいられますように。

10月12日

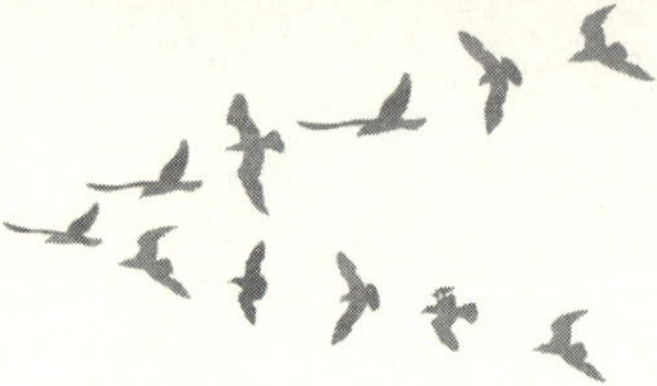

10月13日

期待を越える

相手の期待に
こたえることばかり考えていると、
期待通りに生きられなくなったとき、
その人を恨むようになるでしょう。
期待通りに生きる必要はありません。
自分らしく生きて、
相手の期待を
はるかに越えるほど幸せになればよいのです。

自己受容

自分を知れば知るほど、
自分の弱さに気づき、
「こんなはずではなかった」
と思うことが増えてゆきます。
その一つ一つを、
あるがままに受け入れるのが自己受容。
腹を立てても仕方がありません。
あるがままに受け入れ、
そこから出発しましょう。

10月14日

小さなことから

食事のとき、感謝を込めて
「いただきます」
「ごちそうさま」を言う人と、
食べられて当然という態度をとる人。
小さなことにも
感謝できる人と、できない人。
幸せになれそうなのはどちらでしょう。
幸せは、日々の小さなことから始まるのです。

10月15日

一つの奇跡

百年前にはまだ生まれておらず、
百年後にはもう生きていないわたしたち。
いまこうして生きているということ自体が、
一つの奇跡だと言ってよいでしょう。
何か特別によいことが
起こる必要はありません。
いま生きていること自体が奇跡なのです。

10月16日

10月17日

見送る役割

愛する人に先立たれるのは、
胸が張り裂け、
世界が色を失うほどの悲しみ。
ですが、もし自分が先に死んでいれば、
相手がその悲しみを
味わうことになったでしょう。
せめて、愛のぬくもりの中で
その人を見送れたことを感謝できますように。

名前を覚える

心豊かに生きるための一つの方法は、
花の名前を覚えること。
野原をのんびり散歩して、
「今日はリンドウとアザミ、
オミナエシ、サイヨウシャジンに会った」
と思えたなら、
それだけで心は豊かになるでしょう。

10月18日

10月19日

大切な宝物

「もっと長く生きたかった」
「もっと長く一緒にいたかった」
という思いにはきりがありません。
たとえ短い時間でも、生きられたこと、
その人と一緒にいられたことに感謝するなら、
その時間はわたしたちにとって
大切な宝物になるでしょう。

いつでも会える

たとえ亡くなっても、
その人が残してくれた愛は、
わたしたちの心の中で
いつまでも生き続けます。
その愛を思い出せば、
いつでもその人に会えるし、
わたしたちが忘れているときでさえ、
その愛はわたしたちを
しっかりと支えていてくれるのです。

10月20日

10月21日

苦しみの深さ

相手の苦しみを誰かの苦しみと比べ、
「もっと苦しんでいる人だって
いるのだから頑張れ」と言うのは
励ましになりません。
苦しみの深さは、
苦しんでいる本人にしか分からないもの。
その人の苦しみを、
ほんのわずかでも受け止められますように。

信じた道をゆく

先のことは心配せず、
いまできることを精いっぱいにやる。
もし行き詰まったら、
その状況の中でまだできることを見つけ、
それを精いっぱいにやる。
わたしたちの一生は、きっとその繰り返し。
先のことなど心配せず、
信じた道を進みましょう。

10月22日

10月23日

顔つき

顔立ちは変えられなくても、
顔つきを変えることはできます。
家族や友人、苦しむ人々のために
自分をささげる人の顔には気品が漂い、
何事にも感謝して
生きる人の顔には穏やかさが宿り、
誰かを愛する人の顔からは
やさしさがあふれ出すのです。

平和を生み出す

世界の平和とは、
あるべきものがあるべきところにあり、
その中に自分の居場所があるということ。
作る人は作ることによって、
運ぶ人は運ぶことによって、
片付ける人は片付けることによって、
世界に平和を生み出しているのです。

10月24日

10月25日

自分を取り戻す

自分を見失いそうなほど
忙しいとき、苦しいときは、
ちょっと無理をしてでも、
自分が好きなことをするための
時間をつくりましょう。
自分が本当にしたいこと、
心の底から
望んでいることさえ忘れなければ、
自分を見失うことはありません。

喜んでやる

いずれにしても
やらなければならないことなら、
喜んでやるのが一番。
嫌々やれば、自分も、
周りの人たちも
嫌な思いをするだけですが、
気持ちを切り替えて喜んでやれば、
自分も、周りの人たちも
幸せにすることができるのです。

10月26日

10月27日

心のページ

暇なのに読むものがない、
そんなときは
自分の心のページを開きましょう。
気になっていることを思い出し、
なぜ気になるのか考える。
自分の心の動きをたどり、
相手の気持ちを想像する。
読み方を覚えれば、自分の心以上に
おもしろい本はありません。

そのときだけ

同じ風景を同じ時期に見に行ったり、
同じ料理を同じ人と食べに行ったりしても、
前と同じ感動を味わえるとは限りません。
そのときの感動は、
そのときだけに与えられる特別な恵み。
深く味わい、
心に刻むことができますように。

10月28日

愛するための力

互いに愛しあい、
助けあうために生まれてきたわたしたち。
自分のためだけに使おうとすると、
与えられた力を百パーセント
引き出すことができません。
愛する誰かのために使うときにだけ、
わたしたちは与えられた力を
百パーセント発揮することができるのです。

10月29日

与えた喜び

何かを手に入れた喜びは、
手に入れたものを失えば
消えてしまうでしょう。
ですが、何かを与えた喜びは、
愛の喜びとして心に深く刻まれ、
いつまでも消えません。
思い出すたびに心を喜びで満たし、
生きる力を与えてくれる、
人生の宝物になるのです。

10月30日

10月31日

十分に立派

自分には価値がないと
思う人がいるかもしれませんが、
苦しみながらも、
毎日を精いっぱい生きようとしている。
それだけで、あなたはもう十分に立派。
何かを成し遂げなくても、
精いっぱい生きているあなたの人生には、
もう十分に価値があるのです。

11

月

天国は心の中に

誰かがこの世を去っても、
その人がわたしたちに注いでくれた愛は、
わたしたちの心の中で生き続けます。
この世を去った人が
生きている場所が天国なら、
天国は、会いに行けないほど
遠い場所ではありません。
天国は、わたしたちの心の中にもあるのです。

11月1日

時間からの解放

永遠とは、気が遠くなるほど
長い時間のことではありません。
永遠とは、
時間から解放されるということ。
もはや変わることも、
消え去ることもない愛の中で、
完全に結ばれるということなのです。
この一瞬の中に、
永遠を見つけられますように。

11月2日

11月3日

確かな価値

愛するものに一生をささげることは、
それだけで十分に価値があります。
たとえ人から認められなくても
走り続ける人生、
描き続け、歌い続け、
演じ続ける人生には、
確かな価値があるのです。
そこまで愛せるものを、
見つけられた人こそ幸いです。

運をつかむ

うまくいった一回だけを見た人は、
「あの人は運がいい」と思うでしょう。
しかし、その一回の成功の陰には、
何千回もの失敗があったのかもしれません。
その人は、「運がいい人」ではなく、
むしろ、運をつかむまで
あきらめなかった人なのです。

11月4日

11月5日

人生のゴール

長い距離を走ってゴールした人には、
「おめでとう」と声をかけるもの。
「かわいそう」と
悲しむ人はいないでしょう。
死は、人生という長い道のりのゴール。
走り抜いて天国に到達したその人には、
「おめでとう」と
声をかけるのがよいでしょう。

寛大なゆるし

天国に行った人は、
わたしたちがその人を愛するより、
はるかにわたしたちを愛してくれています。
「申し訳ない」と思っていることさえ
「そんなこと、まったく気にしていない」
と寛大にゆるしてくれるのです。
その愛に、感謝することができますように。

11月6日

11月7日

愛ゆえの悲しみ

死別を悲しんでいる人を、
無理に励ます必要はありません。
死別を悲しんでいる人は、
生きていれば
その人に注ぐはずだった愛を、
悲しみという形で
その人に注いでいるのです。
静かに見守り、悲しみたいだけ
悲しませてあげるのがよいでしょう。

ささげた時間

愛する誰かのためにささげた時間には、
どんな場合でも意味があります。
たとえ自分の人生が
まったく無意味だったように思えても、
誰かを真剣に愛し、
その人のためにささげた時間があったなら、
あなたの人生には確かに意味があったのです。

11月8日

幸運と不運

幸運と思ったことが、
思いがけない不運を呼び、
不運と思ったことが、
思いがけない幸運につながる。
人生は、そんなことの繰り返し。
幸運と思っても傲慢にならず、
不運と思ってもあきらめず、
幸運も不運も同じように
楽しむことができますように。

11月9日

応援する

誰かが特別な能力を与えられ、
みんなを幸せにしているなら、
それは、その人が神さまから
特別な使命を与えられたということ。
嫉妬して妨害するより、
むしろ、感謝して応援し、
その人を通してさらにたくさんの
恵みが注がれるよう祈りましょう。

11月10日

11月11日

自分だけの幸せ

競争が生まれるのは、
他人と同じ幸せを
手に入れようとするから。
たくさんの人が同じ幸せを
手に入れようとするから、
競争になってしまうのです。
それぞれが自分だけの幸せを見つけ、
それを目指して生きていれば、
決して競争にはなりません。

必要なもの

みんなが欲しがっている
ものだからといって、
それが自分にとって
必要なものとは限りません。
自分が本当に欲しいもの、
自分らしく生きて幸せになるために
必要なものを見つけ出し、
それだけを求めて生きられますように。

11月12日

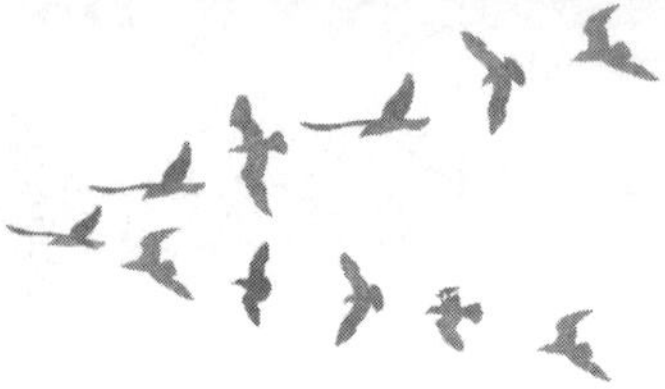

11月13日

自分の時

花の咲く時期は、
それぞれに違います。
春に咲く花もあれば夏に咲く花もあり、
秋や冬に咲く花もあるのです。
わたしたちの人生もそれと同じ。
いつ花が咲くかは、
人それぞれに違うのです。
あせらずに、
自分の時が来るのを待ちましょう。

美しい顔

怒りや憎しみに引きずられ、
心が乱れているときは、
顔も醜くゆがみます。
相手をいたわるゆとりを取り戻し、
間違いをゆるすことができたとき、
心は整い、
顔も本来の美しさを取り戻します。
いつも美しい顔でいられますように。

11月14日

11月15日

与えられる言葉

文章を書くのに、
それほど時間はかかりません。
しかし、心の中から
言葉が湧き上がるのを待つ時間は、
ときに一時間、二時間、あるいは数日。
心を揺さぶる言葉を、
人間の力で生み出すことはできません。
それは、与えられるものなのです。

チャンスに変わる

素直に認めて謝ることで、
間違いは、誠実さを証明するための
チャンスに変わります。
相手の間違いを快くゆるすなら、
その間違いは、愛を証明するための
チャンスに変わります。
最も大きな間違いこそ、
最も大きなチャンスなのです。

11月16日

11月17日

隠されたメッセージ

深く傷ついた人は、
他人の関心を引くために
わざと汚い言葉を使ったり、
極端な表現をしたりすることがあります。
言葉の背後に隠された、
「わたしのことをもっとよく見て」
というメッセージを聞き取り、
しっかり受け止めてあげられますように。

失敗しても

自分なりに精いっぱい取り組み、
「これがいまのわたしのすべてだ」
と言えるところまでやったなら、
たとえ失敗しても、
その失敗は必ず成長につながるでしょう。
失敗を恐れる必要はありません。
あるがままの自分を
さらけ出す勇気を持てますように。

11月18日

忘れないこと

亡くなった大切な人がいる天の国は、
時間から解放された永遠の世界。
その人を思い出して祈り続ける限り、
わたしたちの愛が古くなることはないし、
消え去ることもありません。
大切なのは忘れないこと、
祈り続けることなのです。

11月19日

愛を注ぐ

どんな人でも、
心の一番奥深いところには
必ず愛が眠っている。
わたしたちがあきらめずに
愛を注ぎ続ければ、
いつか相手の中に眠っている
愛が目を覚ますときがくる。
そう信じて、祈るような気持ちで
愛し続けることができますように。

11月20日

11月21日

視野を広げる

生きる意味を見失ったとき、
わたしたちは
「自分の人生には意味がない」
と思い込んでしまいがち。
「こうでなければ意味がない」
という思い込みを捨て、
視野を広げて見回せば、
意味は必ず見つかります。
生きている限り、意味は必ずあるのです。

責めても仕方ない

誰かの不注意でトラブルが起きたとき、
その人を責めても仕方がありません。
すぐに気持ちを切り替え、
新しい状況の中で
自分にできる最もよいことを探しましょう。
大切なのは、相手を責めることより、
一緒にトラブルを乗り越えることなのです。

11月22日

11月23日

悪魔の誘惑

生産性の低い人には
生きる価値がないという考え方は、
悲劇をもたらす悪魔の論理。
「何もできないわたしには価値がない」
と思うなら、悪魔が心に入りかけた証拠。
「生きているだけで、
すべての命に価値がある」
と思い直し、悪魔を追い払いましょう。

自分が選ぶ

人間には、選べるものと
選べないものがあります。
生まれる時代や場所、親、
自分の顔などは選べないもの。
しかし、選べないものを否定し、
自分の人生を呪うか、
選べないものを受け入れ、
自分の人生を愛するか。
それを選ぶことはできるのです。

11月24日

11月25日

中にも外にも

愛はわたしたちの心の中に宿るもの。
しかし、誰かを愛するとき、
わたしたちは大きな愛に
包まれているような気がします。
愛は、心の中にあって
わたしたちを生かすものであると同時に、
外からわたしたちを包み込み、
守ってくれるものでもあるのです。

存在そのもの

偉そうな態度で謙虚さについて語る、
贅沢な服を着て
貧しい生活の素晴らしさを語る、
それではあまり説得力がありません。
貧しさの中に喜びを見つけ、
謙虚な心で幸せに生きるなら、
その人の存在そのものが、
何より説得力のある言葉になるでしょう。

11月26日

11月27日

自分にあった幸せ

どんなに高価でも、
足にあわない靴では、
遠くまで行くことができません。
大切なのは、
高価なものを手に入れることより、
むしろ自分に
ちょうどよいものを手に入れること、
自分の身の丈にぴったりの
幸せを手に入れることなのです。

それぞれの個性

「あの人は変わっている」
と言っても、あまり意味がありません。
相手から見れば、
そう言っている人の方が変わっているし、
一人ひとりに個性がある以上、
自分以外の人はみんな変わっているのです。
それぞれの違いを、
認めあうことができますように。

11月28日

11月29日

祈ってくれる人

「誰かが、自分のために
祈ってくれている」と思うと、
「よし、もうちょっとやってみよう」
という気持ちになります。
祈りに込められたその人の愛が、
わたしたちの心を支えてくれるのです。
祈ってくれる人に感謝し、
わたしたちもその人のために祈りましょう。

本当の自由

相手が不機嫌な顔を
しているからといって、
こちらも無愛想な態度をとるなら、
それは自分の行動を
相手に左右されるということ。
どんな相手にも、
心からにっこりほほ笑みかける。
誰に対しても自分のやり方を貫く。
それが本当の自由です。

11月30日

12

月

12月1日

信頼できる自分

誰も見ていないところでするよい行動は、
自分自身への信頼感を高めてくれます。
自分自身を信頼できる、
それ以上に大切なことがあるでしょうか。
どんなときにも、
自分を裏切らない自分、
自分が好きになれる自分でいられますように。

積み重なって

無駄な出来事は一つもありません。
どんな小さな出来事にも必ず意味があり、
その一つ一つが積み重なって、
わたしたちの人生を豊かにしてゆくのです。
今日一日の出来事をよく思い起こし、
その出来事を
人生の一部にすることができますように。

12月2日

12月3日

相手の心

自分にとってささいなことでも、
相手にとっては
重要な意味を持っている場合があります。
「そんなことくらい気にするな」
と言うのは、
相手に自分の考えを押しつけるのと同じこと。
ささいなことに隠された、
相手の心に気づけますように。

生まれてきたから

「なぜ人間は死ぬのか」
という問いへの最も簡潔な答えは
「生まれてきたから」。
生まれなければ、
死ぬこともありませんが、
だからといって生まれない方が
よかったとは言えないでしょう。
一度限りの人生を、
感謝して生きられますように。

12月4日

12月5日

自分との対話

心の中に、
何かもやもやするものがあると感じたなら、
それは自分でも
まだ理解できていない自分が、
自分の中にあるという証拠。
そのもやもやを静かに見つめ、
そのもやもやにじっと耳を傾けることから、
自分自身との対話が始まります。

変わらない価値

人からほめられたからといって
自分の価値が上がることはないし、
けなされたからといって
自分の価値が下がることもありません。
何より大切なのは、
自分で自分の価値に気づき、
人からなんと言われようと、
その価値を見失わないことなのです。

12月6日

12月7日

すべてのものと

わたしたちは、人間との関係だけで
生きているわけではありません。
木々や草花、鳥や動物、
月や星、太陽など、
わたしたちをとりまく
すべてのものとの
関係の中で生きているのです。
人間関係に行き詰まったときは、
そのことを思い出しましょう。

一人の祈りから

世界の平和を祈っても、
すぐ実現することはないでしょう。
しかし、テレビで見かけたがれきの街で、
泣き叫ぶ子どもの姿を見て涙を流せる人。
その子のために祈らずにいられない人が
一人でもいるなら、
そこから必ず世界の平和が始まります。

12月8日

信じて委ねる

期待とは、相手が自分の
思った通り行動してくれると信じ、
自分の思いが実現するのを待つこと。
信頼とは、相手を信じ、
行動を相手の自由な判断に委ねること。
期待は相手を縛ることがありますが、
信頼はいつでも相手を自由にします。

12月9日

あなたには力がある

「生きていても、
みんなに迷惑をかけるだけ」と、
自分を責める必要はありません。
誰にも迷惑をかけずに
生きられる人などいないし、
謙虚な心で
懸命に生きようとするあなたの姿には、
人々の心に
愛や希望を呼び起こす力があるのです。

12月10日

12
月
11
日

一匹を探す

羊飼いが、
迷子になった一匹の羊を探すために
九十九匹を置いてゆくことは、
決して不合理ではありません。
一匹を見捨てれば、他の九十九匹との
信頼関係も壊れるからです。
一匹を最後まで探す羊飼いだからこそ、
羊たちは安心してついてゆけるのです。

生活を整える

心配事があるときこそ、
いつも通りの生活を心がけましょう。
生活が乱れれば、心はさらに乱れ、
心が乱れれば、生活はさらに乱れる
という悪循環が始まります。
生活さえ崩さなければ、
心は次第に整い、
心配事もやがて過ぎ去ってゆくでしょう。

12月12日

12月13日

何より偉大なこと

目立たない奉仕活動をしているとき、
「こんなことをして何になる。
お前には、
もっと大きいことができるはずだ」
と悪魔がささやきます。
しかし、その声に乗ってはいけません。
愛のために自分を差し出すこと以上に、
偉大なことなどないのです。

12月14日

むなしさを埋める

「これは絶対にしてはいけない」
と強く思っても、
それだけで悪い習慣はやめられません。
必要なのは、
自分をその習慣へと駆り立てる
心のむなしさを埋めること。
心のむなしささえ埋めることができれば、
もうそんなことを
したいとは思わなくなるでしょう。

心のゆとり

散らかったものをあるべき場所に戻し、
不要なものを処分して部屋を整理すると、
部屋にゆとりが生まれます。
人間の心もそれと同じ。
散らかった感情をあるべき場所に戻し、
不要なこだわりを処分すれば、
心にゆとりが生まれるでしょう。

12月15日

二種類の幸せ

幸せには、なにかがあった幸せと、
なにもなかった幸せの二種類があります。
見つけにくいのは、なにもなかった幸せ。
「特別な変化もなく、
いつも通り恵みに満ちた一日だった」
と思って感謝すれば、
どんな日にも幸せを見つけられるでしょう。

12月16日

12月17日

何を話すか

どんなに上手に話しても、
自分の思いを
一方的に伝えようとするだけでは、
なかなか相手の心に届きません。
まずは相手の気持ちをよく想像し、
「この人の幸せのために、
いまの自分に何が話せるだろうか」
と自分に問うことから始めましょう。

真剣に聞く

わたしたちの記憶に残るのは、
相手がどんな話をしたかより、
むしろ相手がわたしたちの話を
どれだけ真剣に聞いてくれたか。
会話で大切なのは、うまく話すことより、
むしろ相手の話をさえぎらないこと、
相手の話に真剣に耳を傾けることなのです。

12月18日

言葉を減らす

本を読むとき、
書かれている言葉より、
ページの余白の方が
力強く語りかけることがあります。
誰かと話すとき、話された言葉より、
無言の沈黙の方が
力強く語りかけることがあります。
あえて言葉を減らすのも、
伝えるための一つの方法なのです。

12月19日

乗り越える力

「誰もわたしの苦しみを分かってくれない」
と思うと、
苦しみは耐え難いものになりますが、
「この人だけは
わたしの苦しみを分かっていてくれる」
と思えれば、
どんな苦しみも必ず乗り越えられます。
苦しみを分かちあえる人の存在こそ、
すべての苦しみを乗り越える力なのです。

12月20日

12月21日

やさしい心

サンタクロースのプレゼントは、
モデルになった聖ニコラウスが、
貧しい家族の住む家に
煙突から金貨を
投げ入れたことに由来するそうです。
苦しむ人、悲しむ人を放っておけない。
そのやさしい心こそ、
プレゼントの最も大切な部分なのです。

誰もがサンタクロース

誰かを愛するとき、
わたしたちはその人に何かをあげたい。
何かをあげて
その人を喜ばせたいと思い始めます。
たった一つの笑顔のために、
すべてを差し出してもよいと
思うことさえあります。
人を愛するとき、わたしたちは
誰もがサンタクロースになるのです。

12月22日

与える幸せ

みんなの幸せな顔を見ることが自分の幸せ。
それ以外には、何の見返りも求めない。
サンタクロースは、
そんな生き方の素晴らしさを教えてくれます。
いつまでも消えない本当の幸せは、
受け取ることより、
むしろ与えることにあるのです。

12月23日

愛が生まれる日

子どもや恋人、
大切な人の喜ぶ顔を見たい。
そう願ってプレゼントを準備する
わたしたちの心の中に、
イエス・キリストがおられます。
イエス・キリストとは、
誰の心の中にもある愛のこと。
わたしたちの心に愛が生まれる日。
それがクリスマスなのです。

12月24日

愛しあう喜び

12月25日

クリスマスで一番大切なのは、
一緒においしいものを
食べることではありません。
たとえ会えなくても、
自分は確かに愛されている。
わたしたちは愛しあっていると
心の底から信じ、
その喜びをかみしめることなのです。

償《つぐな》い

誰かを深く傷つけてしまったとき、
わたしたちにできる償いがあるとすれば、
それは、相手の苦しみを決して忘れないこと。
相手が負った心の傷が癒えるよう、
日々、祈り続けること。
自分の愚かさを心に刻み、
同じ過ちを二度と繰り返さないことです。

12月26日

12月27日

限りない価値

一人ひとりの命に
限りない価値があるなら、
一人を助けることにも
限りない価値があります。
多くの人を助けられたから価値があり、
わずかな人しか助けられなかったから
価値がないということはありません。
どちらも限りなく尊いことなのです。

どちらを信じるか

「人間の価値は、財産や地位、
学歴、家柄などによって決まる」
と考えるのも一つの信仰。
「すべての人間は、価値のある存在で、
その人がその人だというだけで
限りなく尊い」
と考えるのも一つの信仰。
どちらを信じて生きるのか、
選ぶのはわたしたち自身です。

12月28日

12月29日

生き抜いた

ジョギングするとき、
途中で誰かに抜かされたのを
気にする人はあまりいません。
この一周を
走り抜いたこと自体に意味があると、
よく分かっているからです。
人生の道のりもそれと同じ。
この一年を生き抜いた。
そのこと自体に意味があるのです。

生きてゆく力

一年を振り返るときは、
反省の時間だけでなく、
感謝の時間をたっぷりとりましょう。
今年を反省することは、
来年をよりよい年にするための
指針となりますが、
今年の恵みに感謝することは、
新しい年を
生きてゆくための力になるのです。

12月30日

12月31日

満たされた心

喜びは、
感謝する時間の中で幸せに変わり、
心に深くしみ込んでゆきます。
今年のうれしかったこと、
楽しかったことを
一つ一つ思い出して感謝し、
幸せに満たされた心で
新年を迎えることができますように。

おわりに

起こってしまったことを、変えることはできません。しかし、起こったことが自分にとって持つ意味、起こったことに対する自分の見方は変えることができます。なくなったものを見て嘆くのか、まだ残っているものを見て感謝するのか。できなくなったことを見て絶望するのか、まだできることに希望を見出すのか。見方を変えるだけで、わたしたちは、同じ出来事の中に絶望を感じることも、希望を感じることもできるのです。

わたし自身が、悲しみの中で希望を見出すのに役立った気づきや、悲しみの中にある人々に寄り添う中で与えられた気づきを、短い言葉にまとめてこの本の中に詰め込みました。これらの言葉の中に、希望の扉を開くための鍵が見つかりますように。

《著者紹介》
片柳弘史（かたやなぎ・ひろし）
1971年埼玉県上尾市生まれ。1994年慶應義塾大学法学部法律学科卒業。1994－1995年インド・コルカタにてボランティア活動に従事。マザー・テレサから神父になるよう勧められる。1998年イエズス会入会。現在は山口県宇部市で教会の神父、幼稚園の講師、刑務所の教誨師として働く。
『世界で一番たいせつなあなたへ――マザー・テレサからの贈り物』『何を信じて生きるのか』（PHP研究所）、『ひめくりすずめとなかまたち』（キリスト新聞社）など著作多数。

装丁・本文レイアウト＝後藤葉子
装画・挿絵＝r2（下川　恵・片山明子）
編集協力＝伊藤尚子

悲しみの向こう――希望の扉を開く言葉366

2024年11月30日　初版発行

著　者　片柳弘史
発行者　渡部　満
発行所　株式会社　教文館
〒104-0061　東京都中央区銀座4-5-1
電話 03(3561)5549　FAX 03(5250)5107
URL　http://www.kyobunkwan.co.jp/publishing/
印刷所　モリモト印刷株式会社

配給元　日キ販　〒112-0014　東京都文京区関口1-44-4
電話 03(3260)5670　FAX 03(3260)5637

ISBN978-4-7642-0042-5　Printed in Japan